Business Agility《ビジネスアジリティ》

これからの企業に求められる「変化に適応する力」

株式会社エル・ティー・エス
山本政樹 著

プレジデント社

はじめに：これからの経営に求められる新たな力

皆さんは「ビジネスアジリティ」という言葉をご存じでしょうか。外部の環境変化に素早く適応するための組織能力を指す言葉です。企業が自らを迅速に作り変える力と言っても良いかもしれません。昨今の不確実な経営環境において企業が継続的に成長していくために、今この新たな力が注目されています。

企業の成長を阻む個人の意識と組織文化

私は20年以上にわたって企業のビジネスプロセスマネジメント（BPM）のアドバイザとして活動してきました。企業は、調達から生産、物流、販売をつなぐサプライチェーン、市場調査から製品開発、生産設計をつなぐエンジニアリングチェーン、さらには店舗、ネット、コンタクトセンターといった顧客チャネル群というように、さまざまな業務が連携しながら製品やサービスをお客様に届けます。この一連の工程がビジネスプロセスです。

BPMとは、このビジネスプロセスの構造を管理し、最適な姿に変革していくための活動の総称です。例えば業務フローを書いて業務の流れを理解したり、KPI（Key Performance Indicator：重要業績評価指標）を設定して業務の改善を進めたり、デジタルソリューションを用いて業務を自動化することは典型的なBPMの活動となります。

BPMの活動では、ビジネスプロセスを〝End to End〟で見つめることが大切になります。End to Endとは、企業内の各部門を横断して貫くビジネスプロセスの開始点から終了点を示す言葉です。例えばサプライチェーンであれば原材料を調達し、物流や生産を経て、お客様に商品が届くまでが一つのEnd to Endとなります。

ビジネスプロセスを変革する際には、End to Endのプロセスに関係するさまざまなチームの担当者が集まり、共通の目標に向かってあるべきプロセスの姿を考えていきます。私の役割は、このような活動に際して取り組みの進め方や活用すべき手法をアドバイスすることですが、さまざまな活動に従事する中であることが気になるようになりました。それは同じ進め方や手法を適用しても、上手くいく企業と、そうでない企業があることです。

ある企業では、さまざまなチームから集まった担当者がお互いに協力し、前向きに議論することができます。その一方で担当者が所属するチームの都合ばかりを主張して、あるべきプロセスの姿になかなか合意できない企業もあります。私たちのような外部のアドバイザとの関係性においては、私たちのアドバイスを参考にしながら、しっかり自分たちで考えて取り組みを推進できる企業もあれば、私たちに取り組みを丸投げしてしまうような企業もあります。

私がBPMのアドバイザとして活動する際、ビジネスプロセスマネジメントに関する理論や手法を教えること以上に、チーム間のコミュニケーションの仲立ちを行い、取り組みの関係者のチームワークを醸成することに多く時間が費やされます。なぜなら、どれだけ理論や手法を教えても、活動に携わる関係者のモチベーションと信頼関係がなければ、BPMの活動そのものが成り立たないからです。その際には、担当者の変革活動への前向きな意思と覚悟を形成する、コーチのような役割も果たします。

このような活動を通して私は、企業が真に成長していくためには、変革の理論や技術の活用ばかりに焦点を当てるのではなく、人と組織文化の中に、変化を受け入れて行動する意思と、これを支える幅広い能力を育てていかなければならないと考えるようになりました。

変革が効果的に進むとき、そこにはビジネスアジリティがある

これは決してBPMに限ったことではありません。例えば市場のニーズが激しく変

わる中で、企業は新しい事業を継続的に創造していかなければなりません。この時、未知の領域に積極的にチャレンジし、失敗してもそこでの学びを新たな取り組みにつなげることができる企業がある一方で、チャレンジがお題目にすぎず、誰も新しいことに向き合おうとしない企業もあります。デジタルソリューションの活用においても、社員が新しい技術を積極的に学び、自社主導で効果的なデジタル活用を進めている企業もあれば、企画からソリューションの導入まで外部のパートナー企業に頼り切りで、効果に見合わない投資をしているような企業もあります。

ここで紹介したBPM、新事業の創造、そしてデジタルソリューションの活用は、どれも企業が変化する市場に適応し、成長し続ける上で必要な変革活動です。このような活動が効果的に進む時、事業戦略が的確なものであったり、活動を支える方法論や技術が適切であったりすることは間違いないでしょう。しかしそこには、変化に向き合いチームの壁を越えて連携できる力であったり、従業員一人一人が高い学習意欲や自律した行動力を持っていたりといった組織能力も作用しています。これらのさまざまな能力が連携して作用することではじめて外部の環境変化に反応し、自らを変革していくことが可能になるのです。この環境適応に必要な組織能力の総体が「ビジネスアジリティ」です（本書では単に「アジリティ」とも表現します）。

ビジネスアジリティには、今のビジネス環境の中で企業が持つべき、さまざまな能力が含まれます。例えば私の専門であるBPMが適切に機能していることは、一つのアジリティの要素です。また、権限が現場に委譲されていて素早く意思決定できることや、デジタルソリューションに精通した社員がいてこれらを適切に導入できることも大切なアジリティです。社員が好奇心旺盛で、変化の兆しを察知することと、新たなチャレンジに積極的であることは、最も大切なアジリティの要素かもしれません。ビジネスアジリティとは、このような企業を構成する能力が全体として調和がとれており、組織全体が変化に適応可能な状態となった時に現れる究極の組織能力とも言えます。

ビジネスアジリティが言葉として使われはじめたのは2010年前後からです。ただ、この言葉が登場する以前から、企業の変化適応に関する研究はさまざまな領域で並行して行われてきました。これらの研究は、市場の環境変化のスピードが増し議論が活発になる中で、お互いに影響し合いながら研究分野としての融合が進みます。そこに、アジャイルソフトウェア開発をはじめとしたアジリティ向上の実践事例が広く共有されるようになりました。

これらの動きを受けて、それまで研究分野ごとにさまざまな呼び方をされていた組織の変化適応能力の呼び名が、「ビジネスアジリティ」という言葉に集約されつつあります。世界には既にビジネスアジリティの実践者コミュニティがいくつも誕生しており、企業の経営方針の中で〝アジリティ〟という言葉を聞く機会も増えています。

これからは事業戦略よりも組織戦略が企業を強くする

今の時代に、変化への適応が必要ないなどと言う企業は存在しないでしょう。どの企業でも、経営者を中心にさまざまな取り組みを行っていることと思います。社内に新事業創造の部門を作る、社員にビジネスモデルやデザイン思考の教育を行うといったことを通して、新しいビジネスの種を見つけようとする取り組みは典型的なものです。全社的に業務改善を進めたり、最新のデジタルソリューションの導入を進めたりする取り組みは、むしろ行っていない企業の方が少ないかもしれません。

しかし、どれかの取り組みが成功し、例えば新たな事業が大きな収益をもたらしたり、大規模なプロセス変革により大きなコスト削減を実現したりしたとしても、それらの成果はあくまでも一過性のものです。変化が激しい時代において、その効果がどこまで持続するかは定かではありません。

変化の激しい時代において本当に大切なことは、一つ一つの取り組みの成功可否以上に、さまざまな創造や変革の活動を絶え間なく行い、常に変化を生み出し続ける組織の文化を形成することです。仮にいくつかの取り組みで失敗があったとしても、そこから新たな学びを得ることができるのであれば、その失敗はむしろ必要な学習の過程だとも言えます。

これからの企業戦略は綿密な事業戦略以上に、組織戦略が大切になります。目まぐるしく変わる経営環境の中では、事業戦略は日々修正を強いられるため、トライ&エラーで進めていかざるをえません。その一方で、事業創造にチャレンジする人材が輩出する仕組みや、新しい事業に既存のビジネスプロセスをすぐに適応させる業務管理の仕組み、さらにはテクノロジーの動向を常に調査し、自社に最適なソリューションを迅速に取り入れる仕組みといった組織を支える基盤は、より長期的な目線で育てていく必要があります。これらを構築することは簡単ではありませんが、このような基盤が機能するようになれば、市場の変化を敏感に察知し、常に新たなことに挑戦する強い組織文化を形成することができます。このような文化の上でさまざまな事業を生み出し、取捨選択しながら、伸びる事業を集中的に育てていくのです。ビジネスアジリティが示すのは、そのような新しい企業組織の在り方です。

組織の垣根を越えて連携する組織へ

ビジネスアジリティを追求していくことは、これまでの企業組織の構造を大きく変える可能性を秘めています。市場の変化が速くなると、判断が必要な事項を経営者にいちいち伺いを立てていては、致命的な対応の遅れを招く危険性があります。また複雑化する現在の経営においては、処理すべき情報の量も加速度的に増えており、経営者がすべての情報を理解して判断することは現実的ではなくなりつつあります。ですから、意思決定のスピードと精度を重視すればするほど、現場に権限移譲を行い、顧客接点や業務の最前線の担当者が自律的に判断し、事業創造や既存ビジネスの変革活動、そして日々のオペレーションを進めていくことになります。そうなると必然的に、これまでの階層型組織はよりフラットなネットワーク型の組織になっていきます。

これからの企業では、上司と部下という組織の〝縦〟の結びつきは弱くなる一方で、異なる機能や専門性の連携といった組織の〝横〟の結びつきは相対的に強くなります。新事業を創造するにしても、既存のビジネスプロセスを変革するにしても、さまざまな業務の担当者が連携しなければ成果を得ることはできないからです。また各業務の担当者間の連携だけでなく、ソフトウェアのエンジニアや、環境管理や情報セキュリティといった幅広い領域の専門家とも連携する必要があります。このような組織を貫くネットワークの有効性がこれからの組織運営の鍵となります。

ネットワーク型組織を機能させるためには、階層型組織において上位者に集中していた権限を、下位に委譲していく必要があります。また、同じように上位者のみに集中していた経営情報を社内で広く共有していく必要があります。このとき経営者は、自分が自社のすべてを理解し、決定を下すことができるのだという万能感を捨てなくてはいけません。社員の力を信じて、現場の社員が自律的に動くことができる組織に変容させていく必要があります。それは究極的には「自分がいなくても動く組織」を作ることと言えるかもしれません。

その一方で、従業員はもはや上位者からの指示待ちは許されません。組織のあるべき姿を自分の力で考え行動していく必要があります。市場やお客様、自分の担当領域に起きるさまざまなことに常にアンテナを立て、何か行動が必要だと思えば、周囲の仲間を巻き込んで率先して活動を組成していかなくてはなりません。当然、従業員一人一人がこれまでと違う意識と能力を身に付ける必要があります。ビジネスアジリティを目指す道のりでは、このような組織にいるすべての人々の意識と行動の変容が求められます。

本書は世界のビジネスアジリティのコミュニティで議論されていることを紹介する

ことで、読者が自社のビジネスアジリティの姿を考えるきっかけとなることを目的に執筆しました。企業はそれぞれ業種や業態、規模や歴史が異なりますから、求められるビジネスアジリティの姿は企業によって異なります。それでも根底にある価値観や考え方には、相通ずるものがあります。本書ではそのような共通項を中心に、今現在のビジネスアジリティの世界観を説明しています。

日本におけるビジネスアジリティの認知はこれからです。しかし、私は日本でもこれからビジネスアジリティという考え方が積極的に議論されるようになると考えています。本書がその議論の端緒となれば幸いです。

目次

第一章

変化に適応する組織能力 ビジネスアジリティとは

目黒にあるイタリアンレストラン「ラッセ」は、ミシュランガイドで一つ星を獲得した高級レストランです。このレストランの特徴は、料理とサービスの素晴らしさだけではありません。他の高級料理店と一線を画す店舗運営で、高収益で持続可能な経営を目指している点にあります。

シェフの村山太一氏は、薄給かつ長時間労働で従業員がすぐにやめてしまう多くの高級料理店のモデルでは、将来間違いなく潰れてしまうと感じ、レストラン運営の改革に乗り出しました。村山氏は、高級料理店のシェフでありながら、定期的にファミリーレストランチェーンのサイゼリヤでアルバイトをして、省力化のための設備の活用方法や、店内の動線設計を参考にしているそうです。

徒弟制度が色濃く残る高級料理店の業界にもかかわらず、ラッセではスタッフ間の階層をなくしたフラットなチーム作りを心掛け、皆で協力して過去3年だけでも300以上の改善活動を行ってきました。その成果は見事なもので、一例をあげるとラッセは同じ席数の他の料理店だと従業員が10人以上必要となるところを、4人で運営できています。

2018年から2019年の間の実績で見ても、スタッフ一人当たりの売上は2・2倍に（850万円⇒1850万円）、一人当たりの労働時間は4割削減（16時間⇒9時間半）

となっています。[※1]

2020年、社会は新型コロナウイルスの惨禍に見舞われました。多くの料理店は客足がとだえ、この原稿を書いている2020年9月時点では既に少なくない数の店が廃業に追い込まれています。

しかしラッセは、多くの人が新型コロナウイルスの影響を予測できていなかった1月から対策を開始し、マスクの確保や店舗運営の見直しをはじめています。そして徹底的な衛生対策を実施しての店舗営業の継続、テイクアウトサービスの実施、従業員発案での人気商品の全国への通販など、次々に対策を実施し、新型コロナウイルスの影響が大きかった3月〜5月の期間ですら黒字経営を達成しました。

対策の表面だけを見れば他の店舗でも実施しているものですが、それでも苦しい状況に追い込まれた他店との明暗を分けたのは、普段からの徹底的な省力化による経営体力の確保、変化の兆候の素早い察知と対策、そして従業員の自発的な活動など、店舗の運営能力の総合力の差です。

新型コロナウイルスの流行は、企業が予期せぬ事態やさまざまな市場の変化に対し

※1…『なぜ星付きシェフの僕がサイゼリヤでバイトするのか？』（村山太一、飛鳥新社）

て迅速に反応し、状況に適応することの大切さを思い知らされる出来事でした。このような環境の中でビジネスアジリティという言葉も認知度をあげていますが、ビジネスアジリティとは決して、危機や急激な変化に対応することだけを指すわけではありません。日々の小さな改善を積み重ね、しなやかで持続力のある経営を実現する能力の総体です。ここで紹介したレストラン「ラッセ」には間違いなくビジネスアジリティが宿っていると言えるでしょう。

多くの方にとって〝アジリティ〟という言葉への理解は、〝危機の際の迅速な意思決定〟といった範囲を出ないようです。第一章ではまずビジネスアジリティという言葉の定義と基本的な考え方を説明した上で、ビジネスアジリティが注目されるようになった時代背景を振り返っていきます。

ビジネスの俊敏性が企業の競争力を左右する

ビジネスアジリティという言葉の定義は個人や団体によってさまざまです。日本語では「ビジネスの俊敏性」などと訳されますが、実際の定義はもう少し複雑です。本書ではこの言葉を「事業構造を外部の環境変化に対して素早く適応させると同時に、自ら変化を生み出すことを可能にする組織能力」と定義しました。※2〝ビジネス〟という言葉がついていますが、これが求められるのは企業とは限りません。官庁、教育機関、NPOなど、ありとあらゆる組織で適用できる概念です。

既に説明したようにビジネスアジリティは、単一の能力ではなくさまざまな組織能力が融合した結果、総体として発揮されるものです。

その能力とは、例えば市場のニーズをいち早く掴む能力、迅速に意思決定する能力、当初の見込みから外れた計画をすぐに修正する能力、何か問題が生じた業務を素早く特定し、修正する能力といったものが含まれます。ビジネスアジリティとは、組織がこれらのさまざまな能力を持ち、しかもこれらが連携して機能した際に現れる最終的な姿だとお考えください。

ビジネスアジリティという言葉は、もともとアジャイル開発やリーンシックスシグマのコミュニティが、その概念に関する研究を進める中で生まれた言葉で、2010年前後から使われはじめました（アジャイル開発やリーンシックスシグマについては、それぞ

※2…例えばビジネスアジリティコミュニティの一つであるBusiness Agility Instituteでは「ビジネスアジリティとは顧客の価値最大化のために変化に適応し、変化を創出し、かつ活用する組織の能力と意欲」としています（原文は「Business agility is the capacity and willingness of an organization to adapt to, create, and leverage change for their customer's benefit!」）。おおよそ、どの団体の定義も似たものとなっています。

れ第二章と第三章のコラムで解説します）。

現在、北米やヨーロッパを中心に「Business Agility Institute」や「Agile Business Consortium」といった、この分野の啓蒙団体が活動しており、ビジネスアジリティに関するフレームワークの策定や、実践者の交流イベントの主催などを行っています。このうちBusiness Agility Instituteについては、2020年春に日本でも公認コミュニティ（Business Agility Tokyo）の立ち上げが発表されました。これらの団体は前述のアジャイル開発やリーンシックスシグマ関連のコミュニティから発展してきた団体です。

他にもデジタルソリューションや、ソフトウェア開発方法論を展開するソリューションベンダーが、独自の解釈のビジネスアジリティを提唱する動きもあります。今のところビジネスアジリティのコミュニティは、このようなアジャイル開発関連の人たちや、デジタル産業関連の会社を中心として運営されています。

ただ、ビジネスアジリティという呼び方でなくても、変化適応型経営に関する議論は経営論や企業組織論など、さまざまな領域で以前から行われてきました。その意味ではビジネスアジリティには、明確に「ビジネスアジリティ」という言葉を謳い、その名の下に人々が活動している〝狭義のビジネスアジリティ〟の世界と、ビジネスアジリティという言葉を使うかどうかにかかわらず、変化適応型経営の在り方を広い視点から論じる〝広義のビジネスアジリティ〟の世界があるとも言えます。

本書では後者の視点を意識して、変化適応型経営の姿を広い視野で記述するよう心掛けました。

スピードとは異なるアジリティという概念

「アジリティ」という言葉を理解する時、「スピード（ないしスピーディ）」との違いをしっかり理解しておく必要があります。アジリティは日本語で俊敏さや機動力と訳されます。一方で、スピードは迅速性、ないし単純に速さという意味になります。

私はこの二つの概念の違いをよくレースカーを引き合いにして説明します。時速300㎞で走ることができるF1マシンはサーキットのようなある条件の下では、その能力を遺憾なく発揮することができます。しかし一旦、決まったコースを外れて砂地に突っ込んでしまうとタイヤが空転して身動きがとれなくなってしまいます。一方で、時速100㎞〜200㎞のラリーカーはF1よりも速いとは言えません。ただ、舗装路も砂利道も雨や雪が降っても走れるラリーカーは、道路環境が変わっても適切な道を選択して、前に進むことができます。この場合、スピーディなのはF1ですが、アジリティがあるのはラリーカーです。

また、サーキットのようにコースが完全に決まっているF1に対して、ラリーは砂漠のような道標のない中で、自分自身で行く先を見定めて進まなくてはいけないこともあります。その時最善だと思われる決定を瞬時に行い、何か間違えたと思ったらすぐに方向転換するといったあたりも、ラリーとアジリティは通じるものがあります。

企業の進む道は常に山あり谷ありトラブルあり、そして時に道標のないラリーコースのようなものです。あるパ特定の条件が続く限りにおいて速いというのでは、アジリティがあるとは言えません。大切なのは最高速度が速いことよりも、さまざまな環境に対応し平均的に速いことなのです。

このことを企業経営で考えてみましょう。企業の中には優秀な経営者がすべてを指示する〝軍隊的〟とも言える組織形態をとっている企業があります。確かに、卓越した能力を持つ少数のリーダーに組織全体が従う方が、組織運営としてはスピーディです。このような企業は、経営者の意図が市場の状況と適合している限り、急成長を遂げることができます。

ところが、経営者の意図と市場の状況との間にずれが生じると修正が利きません。社員の判断力を育てる努力をしていないわけですから、経営者自身が指示を転換するしかないのですが、成功体験にとらわれた経営者が自ら方針転換することは容易ではありません。

また、急成長の結果、肥大化した組織では情報も肥大化し、やがて情報の流通が滞るようになります。さらには意思決定すべき事項の数も指数関数的に増えます。この結果、経営者の意思決定のスピードと精度の双方に問題が生じていきます。そしてあるタイミングを境に、事業の縮小がはじまるわけです。

このように考えると、優秀でも特定の強いリーダーシップに頼りきることは組織にとっては危険です。そのリーダーがいつまでも健在である保証もありません。ですから、ビジネスアジリティの世界では、社員全員が自律的な判断力を有し、コミュニケーションを通してお互いに連携することで、組織全体として高い能力を持ち、成長し続けることを重視します（ビジネスアジリティが「組織能力」だとされる所以《ゆえん》でもあります）。

社員全体の能力を底上げしようとすれば一定の時間と労力がかかります。また社員間で目指す方向性がずれないようにするために、お互いのコミュニケーションにも多くの時間がかかります。その点では、経営者の一方的な指示の下で動くより時間も労力もかかりますから、アジリティを高めることは部分的にスピードから逆行することもあります。しかし、ラリーカーの例のように、さまざまな環境に自律的に対応できる能力を育てることは、長い目で見れば目的地に早く、低リスクでたどり着くことを可能にします。

これからの企業経営はどのように変わるか

ここまで、ビジネスアジリティの定義を説明してきましたが、実際の企業経営に照らした場合のビジネスアジリティの在り方とはどのようなものでしょうか。ここではいくつかの場面に照らして、ビジネスアジリティを実現した企業の姿を、具体的に見ていきます。

新事業の創造

まず新事業の創造の場面です。市場の変化が速く、既存の事業モデルがすぐに陳腐化する中で、企業は新しい事業を継続的に生み出し続けるプレッシャーにさらされています。

これまで新事業を創造する時は、既存の市場の状況を見極めて、勝算を綿密に分析し、しっかりとした計画を立てて着実に実行していくことが活動の中心でした。しかし、変化が日常化する世界においては、過去のデータに頼って予測してみても明日の世界が同じルールで動くとは限りません。むしろ、計画立案に時間を使っている間にも事業環境はどんどん変わっていってしまうでしょう。

そうなると事業創造は机上で考えることよりも、まず事業をはじめてみて現実世界でそれが機能するか確かめてみることに重点が置かれます。「やってみる。そしてダメだったらすぐに戦略を修正する、ないし撤退する」というのが、これからの事業戦略策定の基本的な姿勢です。さまざまなアイデアを小さく素早く実行し、見込みがありそうな事業の種を育てていきます。

この時、新事業の戦略の立案は現場が中心になります。お客様のニーズをいち早く掴み、戦略を修正しながらテスト事業を運営することができるのは、お客様に最も近いところにいる現場の人々だからです。「経営者が戦略を考え、現場が実行する」という考え方は崩れ、経営者は現場の戦略立案と事業運営をアドバイザーとして支援しつつも、新規事業への投資や既存事業からの撤退を判断する投資家のような立場になっていきます。

ビジネスプロセスマネジメント

次に企業内のさまざまなビジネスプロセスの運営に目を移してみましょう。新事業を立案したり、既存の事業方針に変更があったりした際、それらは迅速にビジネスプロセスに反映される必要があります。日々のオペレーションに落とし込まれていなければ、どんなに変化を素早く察知して戦略を修正しても価値は生まれませんし、新事業を「やってみて素早く修正する」ことも夢のままです。新戦略の速やかな実現のためには、既存のビジネスプロセス中の影響を受ける業務を特定し、新しい業務に置き換えていく必要があります。

これを可能にするためには、常日頃から個々の業務の範囲、隣接する業務との境界、業務の責任者などが明確になっている必要があります。このような明確なビジネスプロセスの構造管理と、変化の際の迅速なプロセスの再構築能力が組織のビジネスアジリティを左右することになります。

これまで社員はもっぱらビジネスプロセスを実行するために存在していました。しかし、ロボットやデジタル技術による自動化や、アウトソーシングやパートナーシップの活用により、社員の仕事はプロセスの実行以上に、事業構造管理とプロセスの再構築の役割の比重が高くなります。これからの企業は、このような必要とされる能力のシフトにも対応していく必要があります。

デジタルソリューションの活用

デジタルソリューションの活用もアジリティ向上のためには欠かせない要素です。この際のアジリティの根幹は、ソリューションを理解して自社の責任において使いこなすことです。

本来は当たり前のことではあるのですが、技術動向が目まぐるしく変わる中で、それぞれのソリューションの特性を理解した上で、明確な意思を持って使いこなすことは簡単ではありません。結果的に流行りのソリューションに流されたり、外部パートナー(ベンダー)に頼り切りになってしまったりすることも少なくありません。

また、普段からビジネスとエンジニアリングがお互いの専門性を学び合ったり、情報交換をしたりすることでお互いの一体感を醸成しておくことも大切です。もちろんアジャイル開発手法の導入もアジリティ向上のための一つの施策にはなりますが、その根幹にあるのは自社のデジタル基盤に対する高いオーナーシップと連携体制となります。

本書ではまず第二章～第四章にかけて、ここで説明した「新事業の創造」「ビジネスプロセスマネジメント」「デジタルソリューションの活用」という三つの場面を通して、変革適応型経営に必要となる考え方を解説しています。その上で第五章では、販売やマーケティング、調達といったさまざまな日常の企業オペレーションの現場で進むビジネスアジリティ向上の取り組みを紹介します。そしてこのような高いアジリティを実現するための基盤となる組織と人（個人）の在り方を第六章と第七章で解説します。

アジリティの根底にある三原則

ここまでビジネスアジリティの概観を解説してきたわけですが、一言でビジネスアジリティと言ってもさまざまな要素があり、必要とするアジリティの姿は企業の業種や業態、規模や歴史などによって異なります。しかし、それらの違いがあっても高いアジリティを持つ企業には明らかな共通項があります。ここではこのようなビジネスアジリティの根底にある原則を考えてみたいと思います。

小さく素早くはじめ、大きく育てる

ビジネスアジリティの一つ目の原則は「小さく素早くはじめ、（見通しを修正しながら）大きく育てる」ということです。日本の製造業における「一個流し[※3]」に起源を持つこ

の考え方を、ビジネス全体に広めたのはアジャイルソフトウェア開発（アジャイル開発）です。それまで主流だったウォーターフォール開発では、はじめに綿密な計画を立て、すべての機能の設計を終えてから、同時並行で開発します。これだと計画の策定と機能の設計を終えて整合性を確保した後でないと、開発工程には進めません。そうなると長い開発期間の間にソフトウェアの仕様が陳腐化してしまい、製品が出来上がったころには時代遅れになってしまいます。

図1－1はウォーターフォール開発とアジャイル開発の進め方を比べたものです。アジャイル開発では開発対象のソフトウェアを細かい機能に分解し、より優先順位が高い機能から順に作ってリリースしていきます。初期計画を立てないわけではありま

※3…一個流しは日本の製造業から生まれた生産工程の考え方です。本来であれば生産ラインにおける各工程の作業は、一定の数をまとめて行った方が効率的です。例えば工程Aで100個の仕掛品を作り、次の工程Bに流すという感じです（これを「ロット生産」と言います）。しかし、このやり方では一つ目の製品が完成するまでに時間がかかりますし、市場の需要が変化したり、製品の設計に何か変更が生じたりした際に、仕掛品がすべて無駄になってしまいます。ですから、まず一つの部品を作ったら、すぐに次の工程に流し、それから次の作業を開始します。一回一回、部品を流す手間が増える上、各工程が上手く連携しないと工程間で部品の滞留（いわゆるボトルネック）が起きてしまうので、工程管理はより複雑になります。しかし、この方法であれば、需要の増減や製品設計の変更があってもすぐに仕事のやり方を変えることで、ムダを防ぐことができますし、製品の市場への初期投入時間を短くすることができます。これが「一個流し」です。

せんが、当初は大まかなイメージを共有するにとどめておき、一つ(ないし少数)の機能に絞って迅速に開発を行い、それらの稼働を確認した時点ではじめて、次の優先度の機能の設計と開発に着手します。この方法であれば、優先して開発した機能はすぐに利用可能になりますし、後続の機能に仕様変更が生じたり、開発すべき機能の優先順位に変更があったりしても柔軟に対応することができます。

また、特定の機能に絞って開発を進めることは、チームメンバーが一時期に理解すべき事項から複雑さを取り除き、対話を促進したり、リスクを軽減したりする効果もあります。

アジャイル開発が広めた「最低限必要

1-1　ウォーターフォール開発とアジャイル開発の違い

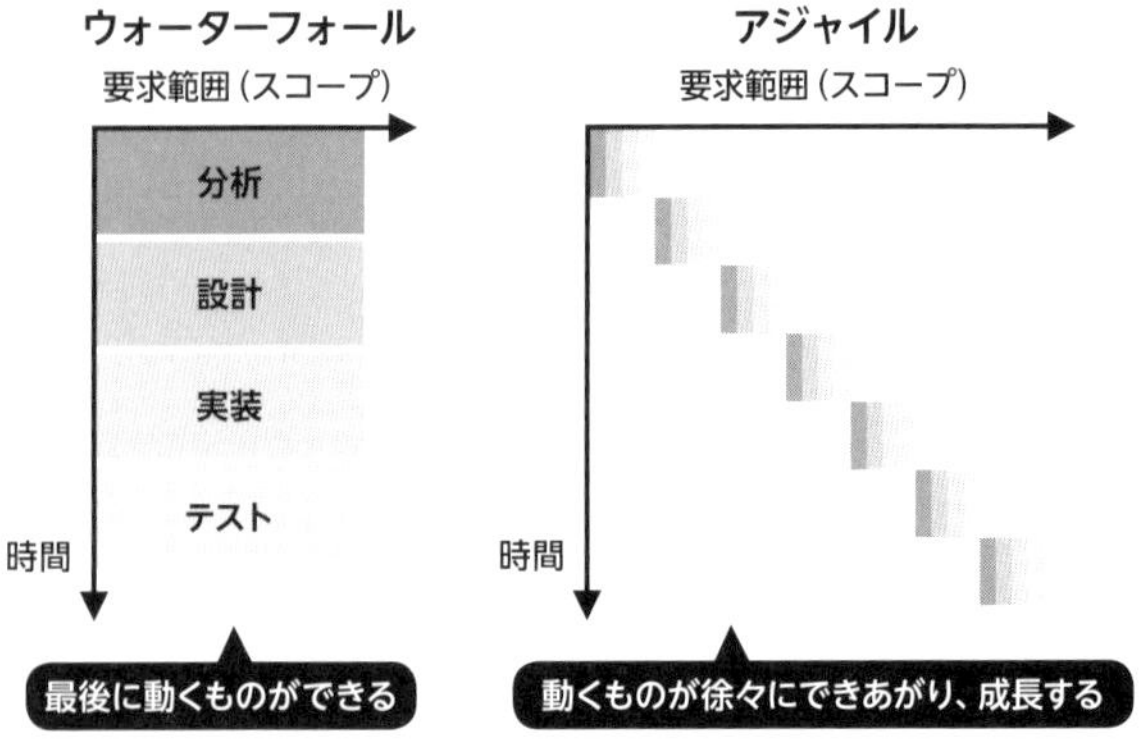

出典:『アジャイル開発とスクラム〜顧客・技術・経営をつなぐ協調的ソフトウェア開発マネジメント』(平鍋健児/野中 郁次郎、翔泳社)

なものを、最小限の量で、素早く生み出す」、そして「事前の活動の成果を元に、後続の計画を迅速に見直す」という考え方は、今ではソフトウェア開発に限らず企業オペレーションのさまざまな活動で応用され、アジリティの基本とも言うべき概念となっています。

例えば、予算管理の領域であれば、年単位の予算をしっかり立てて硬直的に運用するのではなく、喫緊の数か月（例：次四半期）の予算だけを確定させ、後続の予算は状況を見ながら修正することができれば、限られた予算を機動的に運用することができます。マーケティングにおいても、TVCMや広告のような大規模なマーケティング活動を展開する前に、小さなテスト的な活動をいくつか行ってみて、〝当たる〟施策を見つけてから大規模に展開した方が安全です。

新事業の創造で言えば、新しいビジネスモデルの店舗をいきなり多店舗展開するのではなく、テスト店舗を一つだけ展開し、お客様の反応を見て確信を得てから多店舗展開すべきです。ビジネスプロセス変革や大規模なデジタルソリューション導入においても、大きなビジョンは描きつつも、小さな活動からはじめて、見通しを修正しながら後続の活動を連続的に行うことができれば、より大きな成果に低リスクでたどりつくことができるでしょう。

サイロを越えてネットワークで連携する

ビジネスアジリティの二つ目の原則が「サイロを越えてネットワークで連携する」ということです。

先ほど紹介した「最低限必要なものを、最小限の量で、素早く生み出す」という考え方を進めようとすると、さまざまな領域の担当者が連携することが大切になります。サプライチェーンであれば調達、生産、物流、販売といった部門が連携しなければ「一個流し」の思想は実現できませんし、マーケティング、製品開発、生産技術といった部門が連携しなければ製品の市場投入は遅れてしまいます。

新規事業をはじめる際であれば、たとえ小さなテスト事業から開始するにしても、チームにはその事業を立ち上げるために必要なさまざまな専門性を集結させなければなりません。新規事業のリーダーを筆頭に、各業務領域の担当者、ビジネスプロセス設計を担うビジネスアナリスト（ビジネスアナリストについては第三章で解説します）、ソフトウェア開発を担うエンジニアや、ＵＩ（User Interface）／ＵＸ（User Experience）の専門家、企業法務や情報セキュリティの専門家といった具合です。中でもデジタルソリューションの活用に注目が集まる昨今では、業務担当者とエンジニアの連携は大切なポイントです。

これまでの企業の大半は機能別（専門性別）組織です。営業部門であれば、そこに所属するのは営業担当者ですし、生産部門であれば生産機能の関係者が集まっていたわけです。これがいわゆる「機能サイロ」で、このような環境では同じチームのメンバーの考え方を理解することは比較的容易でした。しかし、これからはチームにまったく異なる専門性を持った人々が集まるため、お互いの専門性への理解と敬意が必要になります。

例えば、業務担当者側にはソフトウェア開発をすべてエンジニア任せにするのではなく、エンジニアの技術的な事項を含む説明に耳を傾け、理解しようとする姿勢が求められます。一方のエンジニア側も、仮に業務担当者から難しい要求を提示されても「技術的に難しいからできない」といって突き放すのではなく、事業や業務の事情を理解した上で代替案を積極的に提案する姿勢が求められます。法務や環境管理、情報セキュリティといった統制系の機能の専門家は、一方的にルールや原則論だけを提示する役割になりがちですが、専門家側も事業の事情を酌み取り許容可能なリスクは受け入れるなど、全体最適の視点で提言する姿勢が求められます。

このような異なる専門性を持ったメンバーを束ねる軸となるものが、チームの目標です。いつまでにどのような成果を生み出したいのか、これを皆が共有し、共同責任で作業にあたります。

評価はチームの目標の達成と、目標達成への貢献度合いが主軸になります。KPIのような定量指標も評価の観点とはなりますが、究極的には周囲からの信頼、つまり「あなたがいなければチームの目標は達成できなかった」と言われることが最大の評価です。このような評価の考え方であれば、メンバーは自分の主張だけ通して後は知らない顔というわけにはいきません。

お互いの専門性への敬意は、ただ単純に「お互いへの敬意を持ちましょう」といったスローガンだけでは育ちません。ビジネスアジリティでは「T型人材」という育成モデルが提唱されます。T型人材とは自らの核となる深い専門性（Tの縦棒）と、他の専門性を持った人材と連携するための〝広く浅い〟さまざまな知識（Tの横棒）を併せ持った人材のことです。自分自身の専門性だけではなく、高い好奇心と学習能力を基盤に、自分の専門性に閉じずチーム内のさまざまな専門家からその領域の考え方を学ぶ姿勢と、そのための学習機会が大切になります。

個人が自律的に判断して、行動する

ビジネスアジリティの三つ目の原則が「個人が自律的に判断して、行動する」ということです。

異なる専門家が集まるチームが連携して価値を形作っていく際には、参加しているメンバーの自律的[※4]な判断が大変重要になります。それが新事業の創出であれ、サプライチェーンの効率化の取り組みであれ、ある機能や専門性の代表として参加している社員が、何か自分の領域に関わる事項を自部門に持って帰って、管理職や経営者にお伺いを立ててからでないと判断できないというのでは、取り組みはスムーズに進みません。

スピード感が求められる現在のビジネス環境では、経営者や管理職がすべてを判断することはできません。現場と経営者の間を情報が行ったり来たりする間に貴重な時間を浪費してしまいますし、ビジネスの仕組みが複雑化し、お客様の志向の多様化が進む中では、経営情報のすべてを経営者が処理すること自体が人間の能力の限界を超

※4…ビジネスアジリティのコミュニティでは「Autonomy（オートノミー）」という言葉が頻繁に交わされ、日本語訳としては「自立」または「自律」となります。この二つの言葉の境界は曖昧ですが、「自立」は〝自立支援〟という言葉のように、〝社会の中で自分の力で生きていくことができる〟というようなニュアンスがあります。一方、自律は〝自律制御機器〟という言葉があるように、〝単独で正しい状況判断ができ、行動できる〟といったニュアンスがあります。アジリティの文脈では一般的に「自律」が当てられることが多いので、本書でもこちらを採用しています。

えています。

必然的にさまざまな現場で、担当者は上位者にお伺いを立てるのではなく、自分の力で判断し、行動していくことが求められます（相談相手がいるとすれば、むしろそれは異なる専門性を持った他のチームメンバーとなります）。そのためには組織構造やルールは、個人の判断を尊重し、他者が不必要な介入を行わない形になっている必要があります。このようなやり方でも、それがしっかり成果に結びつくのは、既に説明したようにチームのビジョンや目標に対しての合意があるからです。

自律した個人の存在を意識すると、組織はどんどんフラットになっていきます。組織におけるリーダーシップは、これまでは地位と権限に比例して組織階層の上位ほど高いものが求められました。しかし、組織がフラットになり、現場で自律的な判断が求められるようになるにつれて、組織の上位階層の人々が「リーダー」で、現場の人々が「フォロアー」というような一面的なリーダーシップ像からは離れていきます。すべての人が、自らの専門性や知見を発揮できる時はリーダーとなり、他の人にリーダーを任せた方が良いと感じた時には主体的にフォロアーに回るというように、状況に応じて機動的にリーダーとフォロアーの姿を使い分けることが求められます。

特に経営者はリーダーよりもフォロアーになることが増えます。現場での機動的な判断が重視されるようになるにしたがって、経営者は、社員のリーダーシップを育成したり、現場のリーダーが動きやすくなるよう支援したりというように「縁の下の力持ち」として振る舞うことが増えるでしょう。

このような、それぞれの担当者が、自分が成すべきと思ったことを自律的に実行し、自らの専門性が及ばない領域に関しては他の担当者と有機的に連携することで、組織全体の変化対応力を高めるのです。

組織は独立した要素の集合体

ここまで解説した「小さく素早くはじめる」「ネットワークで連携する」「個人が自律的に判断する」といった考え方を大きく眺めてみると、そこには「組織は自律した小さな要素が集合し、連携することで

1-2　ビジネスアジリティの原則

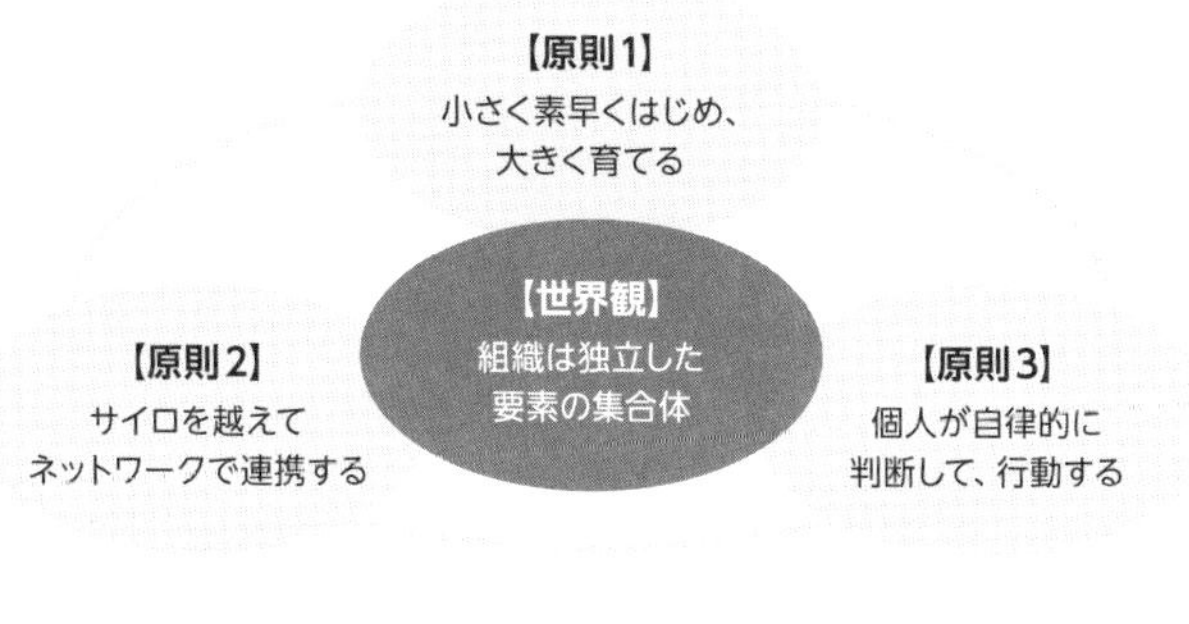
【原則1】
小さく素早くはじめ、
大きく育てる
【世界観】
組織は独立した
要素の集合体
【原則2】
サイロを越えて
ネットワークで連携する
【原則3】
個人が自律的に
判断して、行動する

成り立っている」という世界観があることが分かります。人だけでなく、企業を構成している個々の業務や情報システムのような一つ一つの設備も、この要素の一部です。

人は組織を何か大きな一つの存在として認知しがちです。それぞれの要素（人や業務、設備）は組織に完全に組み込まれており、組織が発する大きな意思や枠組みから外れることは許されないと考えてしまいます。しかしビジネスアジリティでは、逆に組織とは一人一人異なる個性と意思を持った個人の集合体だと考えます。それぞれが自律的に活動しても組織がバラバラにならないのは、各要素が組織のビジョンや目標に合意しており、同じビジョンの達成に向かってそれぞれが最善の努力をしているという前提があるからです。当然、その中では多様性や個性から生じる対立もありますが、この対立ですらイノベーションを生み出す手段として許容されます。

このように個別適応が集合し、組織ビジョンの下で一定の方向性を持つことで、企業全体が変化に適応し、新たなチャンスをつかむことができる、これがビジネスアジリティの根底にある世界観となります。

今なぜビジネスアジリティが注目されるのか

ここまでビジネスアジリティの定義と、その根底にある原則を説明してきたわけですが、なぜ今このビジネスアジリティが注目されているのでしょうか。もちろん市場の変化の迅速化や複雑化が進み、企業の変化適応が切迫した問題となっていることが大きな要因であるのは間違いないでしょう。

ただ、このような変化適応型経営に関する議論は、過去から継続的に行われてきたこともまた事実です。その意味で、ビジネスアジリティの持つ問題意識自体は決して目新しいものではありません。

しかし今、世界ではビジネスアジリティという考え方が過去の議論と比べても急速な勢いで広がっています。そこには近年、企業活動の現場からのアジリティ向上の実践知（ナレッジ）が蓄積されたこと、そしてそれらの実践を通してビジネスアジリティを身近に感じる人が増えたという背景があります。

この章の最後に、ビジネスアジリティという概念の歴史を振り返りつつ、今なぜビジネスアジリティなのかを考えます。

経営的視点が先行した変化適応型経営の姿

ビジネスアジリティの普及には、さまざまなコミュニティが関わっているのですが、その中でも注目すべきは三つのコミュニティです。

一つ目は経営関連のコミュニティで、経営者や経営学者、経営コンサルタントが中心です。

二つ目のコミュニティはアジャイル開発のコミュニティで、アジャイル開発に関わるエンジニアや、アジャイルコーチと呼ばれる職種の人々が中心となっています。

そして三つ目が複雑系組織論のコミュニティで、経営組織の研究家や組織開発のコンサルタントが中心です（「複雑系組織」の説明は後述します）。

これらのコミュニティで、早い段階から広く変化適応型経営を議論してきたのは経営コミュニティです。前身となる研究は1980年代から盛んでしたが、決定的なものとしては経営学者のデイビッド・ティース氏が1997年に提唱した「ダイナミック・ケイパビリティ」という考え方が挙げられます。また、IBMの研究員だったスティーブ・ヘッケル氏の1999年の著書『アダプティブ・エンタープライズ』はベストセラーにもなりました。[※5] これらの研究は明確にはビジネスアジリティという言葉は使っていませんが、その定義はビジネスアジリティそのものです。例えばティース氏はダイナミック・ケイパビリティを「環境変化が激しい中でも、企業が恒常的に変化して、対応し続ける能力」としています。

このような流れの中で「変化適応型経営」という考え方は、戦略論の一分野として確立されていきます。これらの研究の成果はさまざまな企業の経営に活用され、例えばヒューレット・パッカード社（HP）で1999年から2005年までCEOを務めたカーリー・フィオリーナ氏は、当時のHPの基本戦略を「アダプティブ・エンタープライズ」に定めて経営改革を推進しました。ただ、これらの変化適応型経営の姿は、経営者やコンサルタントといった人たちの間では話題になりましたが、市場全体を動かすような力には至りませんでした。

現場の変化適応への意識を高めたアジャイル開発

経営コミュニティ側の研究が進んでいた2000年前後、ソフトウェア開発の現場で大きな革命がおきます。アジャイル開発は、精緻な計画立案よりも試行と修正（いわゆるトライ&エラー）を重視する開発手法で、要求の変更に柔軟に対応するタスク管理、

※5…日本語版である『適応力のマネジメント』（ダイヤモンド社）は2001年の出版となります。

チームメンバーが対等の関係で一つの目標を共有するフラットな組織体制など、新しい考え方が盛り込まれた開発手法です。この章でこれまで説明したビジネスアジリティのさまざまな原則は、アジャイル開発の原則とほぼ合致するものだとお考え下さい（なお、アジャイル開発が成立したより詳しい背景は第二章のコラムで紹介します）。

アジャイル開発は、さまざまな苦労を経ながらも、着実にソフトウェア開発の世界に定着していきました。そして、アジャイル開発の現場で得られた実践知は、ソフトウェア開発の領域を超えて、新製品開発やマーケティング、人事や経営管理など、ビジネスの各領域で応用されるようになります。

近年のデジタルサービス企業は、このような環境で育った若手経営者によって立ち上げられており、成り立ちからアジャイルの世界観が備わっている「アジャイル・ネイティブ」な企業だとも言えます。GAFA[※6]に代表される北米の巨大IT産業などもこうした企業の一部と言えますが、デジタル技術の普及が社会全体の関心事となる中で、必然的にこれらの会社の経営手法にも注目が集まり、アジャイルな組織の姿は市場に浸透していきました。[※7]

私は近年、ビジネスアジリティの議論が盛んになった背景には、このような過程を経て、ビジネスの現場を支えるさまざまな立場の人々がこれらの議論に巻き込まれたことがあると考えています。ビジネスアジリティの根幹は、組織を構成する個人やチームが自律的な行動力を身に付けることにあります。これは経営者からの指示によるものではなく、組織に所属するすべての人が、変化への適応を自分事としてとらえ、試行錯誤をしていかなくてはなりません。その点において、経営コミュニティ発の変化適応型経営理論は、内容が経営者の視点に立ちすぎており、これだけでは現場の共感を得るストーリーとしては不十分でした。そもそも社員が、その自律性を経営者の指示で身に付けるということ自体に一種の矛盾があります。

この点においてアジャイル開発手法に盛り込まれた考え方は、現場の問題意識から発展した実践知の集合体です。さらに手法を実践する上で必要となる意識改革（行動変容）を促す役割としてアジャイルコーチと呼ばれる専門職が確立されたことなども、現場での適用を後押しした側面があります。

※6…GAFAとはGoogle, amazon, Facebook, Appleの頭文字で、近年のデジタル産業の中でも象徴的な企業を一言で表す略語です。
※7…その意味でビジネスアジリティという言葉はこれらアジャイル開発コミュニティ発の言葉であり、ダイナミック・ケイパビリティやアダプティブ・エンタープライズという言葉で議論されてきた適応型経営の表現を上書きしてしまったような側面もあります。

境界を超えてさまざまな実践知がつながる

現場の実践知の普及に貢献したのはアジャイル開発コミュニティだけではありません。「複雑系」における経営組織[※8]の議論もビジネスアジリティの発展に貢献しています。

複雑系とは魚の群れのように、一つ一つの構成要素は自律した判断で動いているにもかかわらず、全体としては調和のとれた規律ある構造が生まれる事象を示す概念で、生物学や経済学などさまざまな領域に横断的に広がる研究分野です。この複雑系の概念で運営される経営組織をここでは複雑系組織と呼びますが、これは組織に所属する人々が、上位者の指示なく自律的に振る舞いながらも、全体としては調和のとれた構造として機能する組織形態を指します。

複雑系組織の考え方は「組織は自律した小さな要素が集合し、連携することで成り立っている」という、先ほど説明したビジネスアジリティの世界観に強い影響を与えています。この分野も1990年代くらいから議論がされるようになりましたが、特に2010年代になってホラクラシー経営で有名なザッポス社（米国の靴ネット通販の会社）や、自主運営（セルフマネジメント）経営で有名なモーニング・スター社（米国最大のトマト加工会社）のような実践事例が知られるようになります（モーニング・スター社の事例は第六章で紹介します）。これらの経営手法は近年「ティール組織」として日本にも紹介されたのでご存じの方も多いのではないでしょうか。アジャイル開発手法自体が複雑系組織の考え方に影響を受けている部分もあり、これらの実践知が融合したことでビジネスアジリティの議論は一層深まりました。

この他にも2010年代くらいからエンタープライズアーキテクチャやビジネスアナリシスのコミュニティで行われている、変化に強い事業構造管理の在り方の議論や、「Beyond Budgeting」と言われる機動的な予算管理を志向する研究コミュニティの議論も、ビジネスアジリティの議論に合流するようになりました。このようなさまざまな領域で、独自に活動してきたコミュニティがつながりだし、知の融合がはじまっているのが今のビジネスアジリティの状況です。

背景にある人々の組織への意識の変化

私は昨今のビジネスアジリティ浸透の背景には、このような過程を通して現場発の知の共有が進んだことにより、企業組織に所属する幅広い人がアジリティを自分事として捉えられるようになったことが影響していると考えています。そして、なぜそこ

※8…複雑系組織という明確な言葉があるわけではないのですが、複雑系の理論が適用された経営組織をここでは便宜上「複雑系組織」と呼んでいます。

まで多くの人がこの領域に興味を持つようになったのかを考えると、組織や仕事に対する人々の意識の変化が見えてきます。

人は組織に従属し、他者との競争の中で生きることを余儀なくされてきました。しかし、人権意識の高まりと共に、人は周囲の人と対等な関係で、自らの意思に従って自分らしく生きたいと願うようになっています。また、規模的成長や物質的な繁栄を組織活動の成果とするのではなく、より良い社会や地球環境を実現するために自分の力を使いたいと考える人も増えています。企業組織とは、何らかの社会的な価値を創造するために存在しています。その価値を示すものが企業のビジョンであり、ビジョンに賛同した人が集うネットワーク型組織の考え方は、このような意識を反映したものです。

かつてのビジネスアジリティの議論は、経営学の議論が中心だったこともあって「企業の成長のために」「変化の速い時代で生き残るために」という経営側の文脈が強かったことは事実です。しかし、今の議論はそれだけではなく「だれもが自分らしく生きるために」「より良い社会を実現するために」という組織の所属する個人の側の意識も反映されています。

これからの企業は、企業として環境の変化の中で生き残り成長し続けるという観点と、そこに所属するすべての個人が自己決定権を駆使し、より良く生きるという観点の二つを両立する必要があります。これを実現する考え方がまさにビジネスアジリティであり、企業がビジョンを持った優秀な個人を採用し、仲間となってもらうためにもビジネスアジリティの考え方は欠かせないものになりつつあります。

それでは、いよいよ次章から、より詳しい解説を、事例を交えながら行っていきたいと思います。まず第二章では新事業の創造の場におけるビジネスアジリティの実践例を見てみたいと思います。

Column

未来を予測できない不確実な時代

本書では本編では触れることができなかった事項で、ビジネスアジリティ理解の助けになりそうなことを、コラムとして各章の間に挟みました。第一章のコラムでは、ビジネスアジリティが必要とされる市場環境とはどのようなものなのかを、より詳しく考えてみたいと思います。今、ビジネスアジリティが注目される背景の一つとして、変化が速くなっている市場環境があります。ただ、このことについて、第一章の本編では十分には触れることができませんでした。確かに社会の変化は劇的になっている気はしますが、実際のところどうなのでしょうか。

迅速化と複雑化が同時進行する世界

「黒電話」と言われても、世代によってはそれが何なのか分からない人がいるかもしれません。私が子供だった1980年代前半はまだ電話といえば黒電話でした。電話は単純な通話機能しか持たず、料金体系は通話距離で多少変わる程度の単純なものでした。黒電話の歴史は戦前にさかのぼるそうで、実に70年にわたって大きな仕様を変えることなく使われ続けたわけです。

黒電話から留守番電話機能や録音機能がついた多機能電話に変わりはじめたのは1980年代半ばで、この頃の標準的な製品のライフサイクルは4〜5年程度だったと言われます。しかしそのサイクルはどんどん短くなり、2000年前後では1〜2年に、そして今では多くの家電は半年に一度のタイミングで新製品が出ます。

このような製品やサービスのライフサイクルの短さにもかかわらず、それらの複雑さは以前とは比べ物になりません。手のひらサイズの携帯電話（スマートフォン）が、電話はもちろん電子メール、ウェブブラウザ、SNS、動画視聴、翻訳や辞書、各種の予約からショッピングまで数えきれない機能を内包しています。自動車や航空機はかつての機械部品だけでなく、電子機器やソフトウェアの塊になりました。今、自動車一台に内包されている制御ソフトウェアのコード行数は軽く一億行を超えるそうです。

企業の意思決定や体制変更のサイクルも短くなりました。以前は情報をすべて紙でやりとりしていましたが、今はネットワークを通じて、グローバルで瞬時に情報を集計、共有できます。生産や販売についてもアウトソーシングなどを活用して、これまでより柔軟かつ迅速にその設備や拠点を拡張可能になりました。さらに、パートナー候補の会社や、新規の投資先はネットを通じて広く世界中から探すことができるようになっています。

このようなことが生じる背景には技術の急速な進化があります。大量の情報の複雑な処理を瞬時にこなし、空間を超えて一瞬で情報を転送できるデジタル技術は、ビジネスのスピードを圧倒的に加速させる一方で、複雑化への対応も行うという背反する要素の両立を可能にしました。また、インターネットを通じたコミュニケーションは、さまざまな人と出会い、つながることも容易にしました。

私たちは今、このような迅速化と複雑化が同時進行する世界に生きています。これにより私たちの社会自体は大きな進歩を遂げましたが、ビジネスはより難しくなったとも言えます。

市場理解を難しくする顧客志向の多様化

迅速化と複雑化がビジネスを難しくしているとして、これだけが問題なのであれば、今後の変化を予測することで、事前にしっかり準備することも可能です。しかし、この将来の予測を当てることは、そう簡単ではありません。この原因が市場の「多様化」と「不連続化」です。

「多様化」とは人々の志向が分散する状況を示す言葉で、これにより企業は市場の枠組みを理解することが難しくなっています。音楽業界で考えると分かりやすいのですが、今は〝ミリオンヒット〟と言われるような、市場の話題をさらう強い影響力を持った曲やアーティストは以前に比べて誕生しにくくなっています。人々は自分の好みのアーティストを発掘し、思い思いに音楽を楽しんでいます。

かつての音楽業界ではテレビやラジオのような大手メディアに影響力を持ち、CDの販売網を持つ大資本が圧倒的に優位でした。どのような楽曲を市場に流通させるかは、資本を持つ側の意図で制御できる環境にあり、その意味で過去のヒット曲は、お客様のニーズを捉えていたことに加えて、情報制御で作り出していた側面もあります。

しかし今、アーティストはインターネットの動画視聴サイトなどを使って大資本に頼らず直接、曲をリスナーに届けることができます。リスナーもネットの情報や、SNSなどを通じたつながりから、自分が求める音楽にメディアを介さずにたどりつくことができます。これまで大資本によって選別されていた情報が自由に流通するようになったことで、市場におけるニーズの分散が起きたのです。これと同じ状況は音楽に限らずファッションや書籍などさまざまな業界で進んでいます。

このようなニーズの多様化は、それまで市場のトレンドの中核を押さえていた大資本側から見ると、あたかもトレンドが大きく変化しているように見えたり、市場全体が縮小しているように見えたりすることがあります。CDが売れなくなり、ヒット曲が目立たなくなったことで音楽産業が衰退しているとする論調を今でも見ますが、実は音楽市場全体は縮小していません。※9 勝者総取りでトレンドが明確だった世界から、それぞれのシェアは小さくても、より多くのアーティストが共存する市場に変化したのです。このような市場のトレンドや大きな枠組みをとらえられなくなっている状況が、今の世界におきている「多様化」です。

未来予測を裏切る不連続な変化

「多様化」と並んで、市場の未来を予測して備えることが難しい要因が、「変化の不連続性」です。長らく内燃機関に関する高い技術を強みとしていた自動車会社には、電気自動車や情報技術を活用した自動運転がキーテクノロジーとなったことで、テスラのようなスタートアップ企業や、GoogleのようなIT産業といった、以前なら想像もできなかったライバルが登場することになりました。

このような、これまでの進化の過程の延長線上にはない、まったく新しい考え方や技術が、過去のそれらを一掃してしまうことを「変化の不連続性」と言います。近年、新技術の登場によりこのことに拍車がかかっていると言われ、ここで紹介した自動車業界の例などはその典型例です。

この変化の不連続性を考える時、私は旅客機の進化の過程が頭に浮かびます。1970年代くらいまで、旅客機の性能を決める軸は速度でした。1950年くらいからプロペラ機はジェット機に進化し、そしてその頂点として1969年には超音速旅客機「コンコルド」が生まれます。

その当時の市場の予測においては、次世代旅客機はこの超音速旅客機でした。その頃の子供向け学習雑誌では「近い将来、超音速旅客機で東京とサンフランシスコは5時間で結ばれる!」といったことが書かれていたものです。しかし、次世代旅客機の先鞭をつけたコンコルドはほとんど市場から受け入れられず、同じ頃に登場した新世代の旅客機の姿は予測とは違うものとなります。

1970年に就航したボーイング747(B747)、いわゆるジャンボジェットの速度はコンコルドと比べると半分以下で音速を出すこともできません。その一方で

※9…少なくともコロナ禍以前の業界においては、音楽の利用に支払われる著作権料の推移は一定の規模で変わらず推移していました。CDの売上減少は音楽配信などの販売手段の多様化も一つの要因ですが、それ以上にリスナーが音楽を、メディアを通してではなく、直接ライブで聴くようになったことが挙げられます。実際、著作権料はメディアの販売やネットワーク配信によって支払われる額が減る一方で、演奏によって支払われる額が増え、結果的に総額はほぼ一定となっています。これも顧客志向の多様化を示す一つの傾向だと言われます。ただ、もしかすると今後はコロナ禍により逆にネットワーク配信による音楽利用が増えるかもしれません。なおここでの音楽業界の動向は『ヒットの崩壊』(柴那典、講談社現代新書)を参考にしました。

B747は、一度に最大で500人を運ぶことができる、当時の基準からすると桁違いに大きな旅客機でした。B747はボーイング社がパンアメリカン航空[※10]からの「超音速旅客機が就航するまでの〝つなぎ〟の飛行機を開発してほしい」という依頼に基づき開発したものです。当時、軍用輸送機の開発プロジェクトの受注に失敗してしまったことで、技術や人員の行き場がなくなったボーイング社は、これらの資源を転用することでこの依頼に応えました。

同業他社は、当時の基準からすれば大きすぎるB747を「採用する航空会社はほとんどいない」と冷笑的に見ていたと言います。ボーイング社の内部ですら懐疑的な声はあり、旅客機として需要がなくなれば貨物機に転用するつもりでした。しかし、〝つなぎ〟のはずであったB747は、予想に反して民間航空の世界を大きく変え、特に長距離の国際線の花形機となります。B747の登場で航空運賃は下がり、それまで富裕層向けだった空の旅が一気に庶民に広まることになったからです。この成功は、開発したボーイング社ですら予想しえないものでした。

このB747の思想は、2007年に就航したエアバス社のA380に引き継がれます。A380ははじめての総二階建て旅客機で、座席を詰め込むと、実に800人を運ぶことができる超大型機です。しかし、A380が世界の空を飛びはじめた頃には、旅客機の価値基準は単機での輸送効率から、社会情勢を背景にした環境負荷の低さや燃費の良さに移っていました。一席あたりの輸送コストではA380の効率も悪いものではないですが、一機あたりの運航コストの絶対額が高いA380は敬遠されてしまいます。その代わりにベストセラーとなったのはボーイング787や737、そしてエアバスA350やA320といった中型機や小型機で、低コストかつ環境負荷の低い機種でした。

旅客機開発の歴史を眺めると、時代の流れの中で製品の魅力を決める価値観がスピードから大量輸送の効率、そして環境や燃費と変化していることが分かります。その変化は非連続的で、それまでの価値観の延長線上で開発された機種は、その高い性能と話題性の一方で、市場の覇者となることはできませんでした。

未来予測が難しいのは、このような非連続な変化には無数の可能性があり、それが

※10…パンアメリカン航空は戦前から1980年代にかけて、米国を代表する大手航空会社でしたが、1991年に破産し、会社としては消滅しています。なお、B747の採用は当時のパンアメリカン航空の内部でも懐疑的な声があったそうですが、当時ワンマン経営者だったファン・トリップ氏の一存で決まったとも言われています。その意味でトリップ氏がいなければB747は誕生しなかったことになります。

どこに向かうのかが分からないからです。そこにはB747の事例のようにさまざまな偶然が入り込む余地があり、論理的な予測だけでは限界があるのです。※11

適応できない企業には終焉が待っている

未来予測自体は無駄ではありません。未来について想いをめぐらすことで、これまで気付かなかった機会やリスクに気付き、有用な示唆を得られることは少なくないからです。ですから、新たな視点を得て思考を深めるための未来予測は、むしろ積極的に行うべきです。

それでも、その未来予測は当たるかと言われれば、今も昔も〝賭け〟の域を出ません。迅速化と複雑化がさほど進んでおらず、市場の枠組みが単純かつ明確だった時代の予測精度はもう少しましだったかもしれませんが、ここまで見てきたようなさまざまな不確実性が組み合わさった今、未来予測には限界があります。このような時代においては、予測して備えることよりも変化を察知して迅速に適応することが求められます。

この変化の察知と適応を甘く見ると、待つものは企業の終焉です。今の環境で自社のビジネスが上手く行っているように見えたとしても、水面下ではそのビジネスを脅かす何かが起きている可能性があります。

「今の競争環境については心配していない。なぜならブロックバスターのブランドは十分に認知されているからだ」

これは2008年にブロックバスター社CEOだったジェームズ・キーズ氏が発した言葉です。ブロックバスター社は2000年代の米国で最大のDVDレンタルサービス企業です。その最盛期は9000店、売上約60億ドルを誇りました。しかし、この発言からわずか2年後の2010年9月にブロックバスター社は倒産し、民事再生の道を歩むことになります。この背景にあったのはNetflixをはじめとするオンラインビデオ配信サービスの攻勢でした。

※11…なお航空機開発の歴史には、B747のような偶然が良い結果を生む事例が数多くあります。ベトナム戦争の際、米国の戦闘機は、小型で高い機動性を持つソ連製の戦闘機との格闘戦に苦戦していました。当時の米国の戦闘機の多くは「ミサイル万能論」と言われる「遠距離からレーダーで敵を探知し、ミサイルで攻撃できれば、戦闘機に高い機動性など必要なくなる」という予測に従って開発されていたからです。現実の戦闘ではレーダーとミサイルの性能不足や、交戦ルールの壁といったさまざまな問題から、予測の通りにはなりませんでした。この時、米国の戦闘機の中で比較的高い機動性を持っていたことで活躍した機体が、有名なF-4ファントムIIです。F-4は機体のサイズに比して広い翼を持っており、これが戦闘機の旋回能力を高める効果があったためです。しかし、そのF-4の広い翼は戦闘における格闘戦を意図したものではなく、空母上での離着艦性能をよくするために採用したものでした。

企業のおかれた市場環境の厳しさが増していることは間違いありません。このような時代に組織はどうやって変化に適応し、生き残り、お客様に継続して価値を届けるのか、これがビジネスアジリティという言葉が注目される一つの背景なのです。

第二章

新事業の創造

～正確だが遅い判断から、迅速で常に軌道修正する判断へ～

ここからは本格的に企業活動のさまざまな場面におけるビジネスアジリティの姿について紹介していきます。第二章では新たな事業の創造という側面から、企業に求められるビジネスアジリティを考えます。米国では1950年代には平均して60年〜70年と言われた企業の寿命は、昨今では10年〜15年程度となっているようです。変化の速い時代において、企業は常に市場の変化を先取りした新しい事業を創造するプレッシャーにさらされています。

素早くはじめ、駄目なら素早く撤退する

過去、新たな事業の創造とは、市場環境を正確に分析し、しっかりとした事業計画を立てて着実に実行していくものでした。失敗は許されるものではなく、事業進捗が見込みからずれるだけでもその理由を追及されたものです。

しかし、昨今注目されている企業は、必ずしもこのような考え方で事業を運営してはいないようです。表2－1はアマゾンがこの20年の間にはじめ、そして撤退したサービスです。書籍のオンライン販売からはじまったアマゾンは、今では数多くのサービスを展開しています。しかしその裏には日の目を見ないたくさんのサービスも

2-1　アマゾンの事業撤退の歴史

開始(年)	終了(年)	事業名
1999	2000	アマゾン・オークションズ
1999	2007	Zショップス
2004	2008	検索エンジン(A9)
2006	2013	アスクビル(Q&Aサイト)
2006	2015	アンボックス(テレビ番組や映画の購入・レンタル)
2007	2012	エンドレス・ドットコム(靴とハンドバッグの専門サイト)
2007	2014	アマゾン・ウェブペイ(P2P送金)
2009	2014	ペイフレーズ(合い言葉による決済)
2010	2016	ウェブストア(オンラインストア立ち上げ支援)
2011	2015	マイハビット(会員制タイムセール)
2011	2015	アマゾン・ローカル
2011	2015	テストドライブ(アプリの購入前試用)
2012	2015	ミュージック・インポーター(音源アップロードプログラム)
2014	2015	ファイアフォン
2014	2015	アマゾン・エレメンツ(プライベートブランドのおむつ)
2014	2015	アマゾン・ローカルレジスター(モバイル決済)
2014	2015	アマゾン・ウォレット
2015	2015	アマゾン・デスティネーションズ(宿泊予約)

出典:『amazon 世界最先端の戦略がわかる』(成毛 眞、ダイヤモンド社)

あったのです。

変化が恒常化し、しかもその方向性を予測できない市場においては、確実性にこだわっても前に進むことはできません。机上で考えることに時間を使ってチャンスを逃すくらいなら、行動して現実世界の中でそれが機能するか確かめてみれば良いわけです。ただしこのような実験的な取り組みで大切になるのは、事業の成長性の見極めです。事業の成長性を適切なタイミングで判断し、もし上手くいきそうであれば資源を投入して拡大を図ります。一方で、やってはみたけれども事業として成り立つ目途が立たないとなったらすぐに撤退するのです。現在のアマゾンのさまざまなサービス、そしてその裏側にあるさまざまな撤退したサービスは、このような参入と見極め、必要に応じて撤退というサイクルを高速で回してきた証しとも言えます。

これまでの事業計画立案手法の限界

確実性を削いででも迅速性を重視する理由は主に二つ挙げられます。一つは「急がなければ環境が変わってしまう」ということです。変化が速い時代に分析と意思決定に時間をかけていては、その間に市場環境が変わってしまいますから、これは分かりやすい理由です。そしてもう一つの理由は、今の時代は「事業をはじめた方が、意思決定に必要なデータを得ることができる」ということです。

ここでの「必要なデータ」とは何かを理解するには、これまでの事業計画立案手法の限界を知る必要があります。過去、新事業をはじめる際に重視されたのは市場分析と財務分析でした。

市場分析とは、市場環境と自社の状況を比較し、事業の成長性や市場への適合性を分析する手法で、ファイブフォース分析、PEST（PESTEL）分析、SWOTなど多くの戦略フレームワークがこれに該当します。このような分析手法を新事業創出に適用する場合、既に形成されている市場で、かつその市場を取り巻く環境が将来も変わらない前提であれば、事業の先行きを効果的に分析することが可能となります。

しかし、環境が将来も変わらないという前提自体が、時代に合いません。また、他社と同じ市場に同じコンセプトで参入するというのは、自らレッドオーシャン※1に飛び込むことを意味しており、あまり良い戦略ではありません。新事業を立ち上げるのであれば、既存の市場に異なるコンセプトで参入したり、もしくはまだ市場が形成されていないサービスを提供したりといった、いわゆるブルーオーシャンを狙うべきです。

※1…レッドオーシャンは既に多くのプレイヤーが参入しており競争過多となっている市場、ブルーオーシャンとはまだプレイヤーが少ない、もしくはまったくおらず競争状態にない市場を言います。

しかし、市場分析で分析対象となる情報は、既に形成されている市場から上がるわけですから、この情報をそのまま活用しても自社の戦略の予測材料としては不十分です。

既存の市場情報を元にした予測に限界があることは、スターバックスの日本進出時のエピソードが参考になります。スターバックス進出前の日本のコーヒーチェーン店の多くは、ビジネスパーソンが訪問先への移動の合間に利用するというように、安く短時間滞在することを想定したサービスとなっていました。また、当時は喫茶店は喫煙できることが必須と言われた時代です。それと比較すると単価が高く、長時間滞在することが前提で、完全禁煙を目指していたスターバックスのモデルは当時の日本のコーヒーショップ市場とはそぐわないものでした。※2

この市場調査の結果に、日本にスターバックスを展開しようとしていたサザビー社のスタッフですら、当初は日本に展開する見込みを立てることができず、米国スターバックス社のスタッフに厳しい報告をしたと言います。

しかし、サザビーとスターバックスのスタッフは、そこで諦めませんでした。もともとこの二社は日本にまったくないコーヒーチェーンのサービスを持ち込もうとしていました。それがスターバックスの本当の価値はコーヒーそのものではなく「家でも仕事場でもない第三の居場所を提供する」といういわゆる〝サードプレイス〟のコンセプトです。両社のスタッフはこの価値を日本の人に知ってもらいたいという情熱をもち、スターバックスが受け入れられる余地を探して試行錯誤を続けました。それが今の日本でのスターバックスの人気につながっています。※3

一方の財務分析で事業の収益性を判断することも限界があります。財務分析は事業がある想定で進捗した場合の収益やコストといった財務インパクトをシミュレーションすることで、事業の収益性を予測する材料の一部を提供するに過ぎません。分析が甘くなることも多く、結果的に財務分析は願望のような都合の良い数字を出すだけで終わってしまうこともしばしばです。

アマゾンが提供しているサービス「アマゾンプライム」は、年間数千円の会費でお急ぎ便の配送料が無料になったり、いくつかのアマゾンのサービスが無料で使えたりと、ユーザーにとってメリットのあるサービスです。このアマゾンプライムは、導入

※2…厳密には完全禁煙に自信を持ちきれなかった日本側はスターバックス1号店に喫煙スペースを設けたのですが、それをみたスターバックス本社CEOのハワード・シュルツは激怒したそうです。その後、徐々に実験的に喫煙スペースを狭め、3号店からは完全禁煙となりました。
※3…ここでのエピソードは『日本スターバックス物語』（早川書房：梅本龍夫著）を参考にしています。

時に社内で相当な反対があったと聞きます。それはとても一人数千円の会費で、増える物流コストなどの出費を賄えないというものでした。しかし、ＣＥＯのジェフ・ベゾスが狙ったのは顧客の購買行動を変えることであり、会費で儲けることが目的ではなかったのです。例えばプライム会員の恩恵を知った顧客はこれまでアマゾンで買っていなかった商品も、アマゾンで買うようになります。このようにアマゾンプライムは、サービス単体での事業収支ではなく、そのサービスを通じて顧客行動が変わり、アマゾン全体の事業が成長することを狙っていたわけです。財務分析だけでは、このような顧客行動の変化とそれによる収益性の予測に限界があります。

大切なのは〝今〟を示すデータ

結局のところ、実際に事業を行ってみないことには本当の意味で事業の将来性を予測する情報は得られません。であれば「とりあえず、やってみればいいのでは？」と思うのは自然なことです。事前の分析を最小限として、素早くテスト事業をはじめて、本格的な事業投資の判断を行うためのデータを取得するのです。そして、収集したデータを素早く分析して、高速に事業のＰＤＣＡを回します。

もし期待したような顧客動向を示すデータが示されないようであれば、すぐに撤退すれば損失は最小限で済みます。逆に事業を伸ばす見込みが立ちそうだと判断できれば、そこから本格的な事業展開の計画を立てます。

このような進め方をする場合、判断の材料となるデータの特性が変わります。大がかりな市場調査結果や、財務データ（売上や利益）は大局的な情報はとれますが、調査や集計に時間がかかるため、実際の動向よりも遅れた情報となります。

しかも、旧来の市場調査は調査手法によって結果が変わってしまうことや、調査対象である顧客が自らのニーズを明確に回答できず調査結果と実際の顧客行動とでずれが生じてしまうことがあります。３Ｄテレビが世に出た際に、事前の市場調査では多くのユーザーが「３Ｄテレビに興味がある」「３Ｄテレビを買いたい」と答え、メーカー各社は競ってこの機能を搭載したテレビを開発しました。しかし実際にはこの機能はさほど注目されることはなく、今では３Ｄテレビはむしろ少数派になりつつあります。[※4]そうなると、何か調査をするにしても、製品の試作品やテスト店舗を展開して実物を手にしたユーザーに直接話を聞く方が効果的です。

※４…この要因として、当初３Ｄテレビを映画館の３Ｄ映画のイメージでとらえていた多くのユーザーは、市場調査上ではこれらの機能を欲しいと考えましたが、実際には眼鏡をかけてテレビの真正面から見なければならない３Ｄ機能の特性が、日常のテレビの利用環境とかけ離れすぎていて使いにくかったことがあげられています。

　これから事業を推進する上でより重要になるのは、昨日行ったウェブサイトの改修に対して、今日ウェブサイトを訪問している顧客の動きは改善されているのか、展開しているキャンペーンはSNSでは話題になっているか、製品の試作品を手にしたお客様はどのような反応をしたかといったリアルタイムの、しかもユーザーの動向を直接示すデータです。デジタル化が進んだ現在の経営環境では、このようなデータをとることが以前よりも容易になりました。変化の速い時代の経営からすれば「先月の売上」よりも「今、この瞬間のサイトの訪問客数」の方が大切な意思決定情報なのです。

「やってみなければ分からない」というとデータよりも直感を信じて突き進むというイメージを持ちますが、それは誤解です。データを使う目的とタイミングが異なるのです。ビジネスアジリティを重視するのであれば、データは過去のものから正解を見つけるために使うのではなく、事業自体は仮説をもとに素早くはじめ、その仮説が正しいかを検証するために実際の事業から上がる今のデータを活用します。

　ただ、これまでの市場分析手法や財務分析の考え方がまったく役に立たなくなったわけではありません。新しい事業をはじめる際に、基本的な環境分析や競合分析を行わないということはありえないですし、財務的な見通しを立てるための財務分析も当然、必要になります。

スターバックスの事例では、事前の市場分析で納得のいく結果がなかなか上がらない中でも、「事業を進める」という前提で何度も仮説を変えてアイデアを練り直しています。市場分析の結果が良いデータを示さないから事業を諦めるというような〝正解探し〟の姿勢ではなく、まず新たな事業への情熱があって、調査から上がる厳しい現実を見つめながらも自身の仮説を探求していく姿勢が求められます。

大切なのは、どの手法が正解で、どの手法が時代遅れだというような話ではなく、事前に使える情報はなんでも使い、ある程度の情報が集まったら、素早く判断することです。時間のかかる100点の回答よりも、70点～80点でもいいから早く意思決定し、早くはじめることがアジャイルな事業推進の根幹にある姿勢です。

論理的な正解よりも、個人の主観と洞察を大切に

これからの事業創造は、過去の進め方とはだいぶ様子が変わります。これまでの新事業の創造とは、市場環境や財務的な分析を通して論理的に組み立てられた事業戦略を元に、定められた計画を着実に実行する世界でした。しかし、これからの新事業創造の現場では、事業戦略の立案と実行（オペレーション）の境目が曖昧になります。自

らの仮説や想いを元にビジネスモデルを掘り下げて、実行可能なビジネスプロセスに素早く落とし込み、事業を開始します。そしてオペレーションから上がるデータを見ながら、日々、ビジネスプロセスと戦略そのものを見直していきます。戦略立案と実行、そして戦略の見直しが一体化し、サイクルとして回っているので、どこまでが立案で、どこからが実行かよく分かりません。

事業推進の体制も、これまでのように経営者や戦略立案部門が戦略を練り、現場部門が実行するという固定化された役割分担は難しくなります。事業提案はお客様に近く、事業のアイデアを持ったさまざまなメンバーから上がることになり

2-2　これまでの事業戦略とこれからの事業戦略

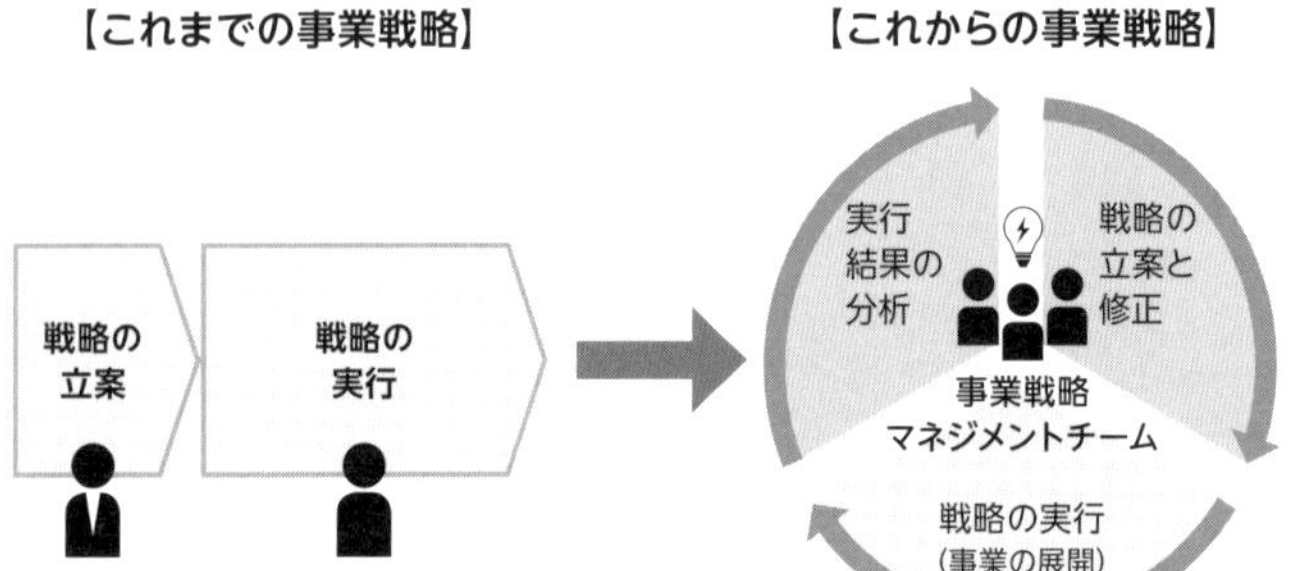

ます。顧客ニーズへの深い洞察や、ビジネスモデルを徹底的に掘り下げることは、会議室で頭をひねるよりも、お客様との対話や日々の事業オペレーションを遂行する中から得られる気付きが大切になるからです。もちろん、その事業アイデアの発信源がたまたま経営者からとなるケースはあるかと思いますが、原則として社内の誰が新事業戦略を起案しても良いのです。数多くの事業を運営する巨大企業であればあるほど経営は現場から遠くなってしまいますから、事業のアイデアはより現場に近いところから上がるでしょう。

このように事業創造の主体が現場に移るにつれて、経営者の事業創造への役割もより間接的なものに移っていきます。経営戦略はいくつかの種類に分けることができますが、経営者が担当するのは組織としてどの事業にどれだけの資源を優先配分するのかという事業投資に関する戦略（投資戦略）が中心になります。個々の事業戦略の立案と実行は事業推進リーダーが中心となって行っていくことになるため、経営者は投資家のような立場となるわけです。

こうなると「経営者＝事業家」というかつてのイメージは必ずしも当たらなくなります。企業の中が一つの小さな市場のようになり、投資家としての経営者が、何人もの事業家である事業推進リーダーを支えていくことになります。

アイデアを速やかに実行し、修正する

個々の事業を推進していく事業推進チームには、バランスのとれた能力が必要になります。市場や顧客への好奇心や洞察がすべて根底にありつつ、データ分析のリテラシや、戦略を素早くビジネスプロセスに落とし込むためのプロセス設計の能力、さらにはデジタル技術を活用する能力も必須になります。「事業戦略立案」というと頭でっかちで、理論重視なイメージも持ちますが、むしろ必要となるのは理論以上に実行力で、小さくても事業をはじめるために必要な要素がフルセットで求められます。戦略やビジネスモデルといったビジネスのアイデアを考えることは簡単なことではありませんが、そのアイデアを即座にビジネスプロセスに落とし込むことは、もしかするとそれ以上に大変な作業かもしれません。

テスト事業であったとしても、実際にお客様にサービスを提供するとなると、手を抜けるところと、抜いてはいけないところがあります。例えば自社の商品をネット通販でダイレクト販売する事業を開始するとして、通販で取り扱う商品の構成や、マーケティングの手段は、お客様の反応を見ながら少しずつ改良していくことができます。

一方で、法令に触れたり、お客様とのトラブルを引き起こしたりしかねないリスクは、テスト事業であっても綿密に排除しておく必要があります。例えば、法令上必須

のお客様への説明事項（例：景品表示法）は一つも漏れがあってはいけません。お客様の注文キャンセルや、自社のミスによる誤配や破損への対応も予め考えておく必要があります。また個人情報流出の防止のような情報セキュリティの観点も欠くことができません。

航空業界では2010年代にさまざまなLCC（最小限のサービスで、低料金の運賃を実現した航空会社）が新規参入しましたが、マレーシアのLCCであるエアアジアは、全日本空輸（現ANAホールディングス）と提携して2011年に日本市場に参入した後、就航から1年ほどで提携を解消し、エアアジアとしての運航を停止しました。これについては数多くの要因が指摘されていますが、その一つにウェブサイトの使い勝手の悪さがあります。単純に分かりにくいだけでなく、技術的なトラブルに起因すると思われる二重予約といったトラブルが頻発しました。しかもトラブルに対するサポート体制も整っておらず、これらの対応に追われたのです。

今の時代はネガティブな顧客体験がツイッターなどのSNSを通して一瞬で広まるので、誠意を欠いたトラブル対応をすると、すぐに事業中止や撤退にまで追い込まれることもあります。一般にビジネスプロセスの設計においては、お客様にサービスを提供する基本のプロセス設計よりも、異常時の対応プロセスや、事業状況を管理してトラブルを回避するためのガバナンスプロセスの設計の方が多くを占めますが、このようなことも手を抜けないのがビジネスプロセスの設計です。このプロセスマネジメントの能力も事業をマネジメントする上で必須の能力となります。

ただ、事業を開始するために必要なすべてのことに通じた人などまずいません。ですから、事業の核となるアイデアを考え、ビジョンを提示する事業推進リーダー（チームリーダー）を中心に、ビジネスプロセス設計を担うビジネスアナリストや、デジタル基盤を開発するエンジニア、物流や顧客接点に通じた各オペレーションの担当者などさまざまな領域の専門家を集めてチームを形成し、このチームが一体となって事業の運営を担っていく必要があります。

企業の組織は多くの場合、同じ専門性を持つ人材を集めた職能別組織で成り立っています。しかしこれからの事業は異なる専門性を持った少数精鋭の人材が集まる、さながら特殊部隊のようなチームを中心に立案され、そしてマネジメントされていく必要があります。事業推進リーダーにはこれらの異なる領域の専門家たちをチームとしてまとめ、一つの目標に向かってその力を統合する役割が求められます。このような〝混成チーム〟の運営を担える人材を普段から育てておくことは、企業にとって重要なアジリティの要素となるでしょう。

これからは経営と現場の役割が逆転する

ここまで事業と、それを担う現場の事業推進リーダーの姿を描いてきたわけですが、一方の〝投資家〟である経営者に求められることはどのようなものなのでしょうか。

事業創造における経営者の大切な役割の一つが、新事業推進に一定の規律をもたらすことです。すべての現場で野放図に新事業を展開し、無制限にコストを使っていたら経営は傾いてしまいます。そこを見極め、事業投資の判断を行うのが経営者の役割です。そこには大きく分けて「投資領域を見極め、投資を承認すること」と「事業推進過程において適切なアドバイスをしつつも、継続・撤退の判断を行うこと」という二つの役割がありますが、特に後者の事業の撤退判断は経営者にしかできない大切な仕事です。

事業リーダーに〝タオルを投げる〟のが経営者の役割

新事業の創造における経営者の役割はボクシングでいえば、セコンドにあたります。セコンドは、試合中は選手にアドバイスをしたり、励ましたりと試合に勝てるようリングの外から支援します。しかし、選手が危険な状態だと判断した場合はリングにタオルを投げ入れることで棄権（テクニカルノックアウト）を宣言し、選手が過度なダメージを負わないようにします。これと同じように経営者は、普段は事業リーダーを支援しつつも、そのコストが許容範囲を超えたり、事業メンバーが袋小路に陥り、改善の目途が立たなくなってしまっていたりした際に〝タオルを投げる〟役割を果たします。

事業を推進している側は自分からは「やめたい」とはなかなか言えません。過度に感情移入せず、外部から客観的に判断を下すのは経営者の役割です。オリックスの宮内義彦シニアチェアマンはこれを「新事業の撤退判断こそ、参入の判断以上の経営者の責任」と表現しています。[※5]

どのようなタイミングで〝タオルを投げる〟のかは、ある程度基準が必要です。定性的な感覚に頼った決定では、適切な撤退時期を見過ごす危険性があります。これまで行った投資（埋没コスト）にとらわれてしまって、撤退に後ろ向きになった結果、大きな損失を被ることはよくあることです。ですから、社内で新事業の撤退基準を設ける、ないし各事業開始時にその事業の撤退条件も含めて事前に社内承認を受けるということが一般的です。

サイバーエージェントの藤田晋社長は以前、自身のブログで、自社ビジネスの撤退ラインを公言していました。それは「リリース後4か月経過した時点で、コミュニティなら300万PV／月、ゲームなら1000万円／月を超えていなければ撤退検討」[※6]というものです（2013年時点）。このような一定期間内の財務的成果、ないしそれに変わる定量的な成果指標（成長率や顧客数など）を基準にするということが一般的です。

このような定量的な撤退基準は判断に一定の規律をもたらすために必要不可欠である一方で、これがすべてでもないようです。先ほど登場したオリックスの宮内シニアチェアマンはさまざまな事業の撤退判断を行う中で、介護事業においては赤字が続いても、その社会的意義と担当者の情熱に負けて継続させたそうです。宮内氏はこの担当者の情熱について「話を聞いていると、こちらが根負けしそうな勢いで、情にほだされているのか、あるいははぐらかされているのか。それも分からないほど」と言っています。事業推進メンバーが情熱をもって、前向きに取り組もうとしている限り、財務規律が乱れない範囲では、追加投資を認めることも経営者の判断のうちかもしれません。

※5…日経ビジネス「新規事業の撤退こそ経営者の責任（2016年12月8日）」
https://business.nikkei.com/atcl/opinion/16/120100030/120500002/
※6…藤田社長の2013年1月23日のブログより（https://ameblo.jp/shibuya/entry-11455423878.html）

ある別の経営者は、このような担当者の情熱を持った姿勢を「ファイティングポーズをとっているか」という言葉で表現をしていました。この経営者は、事業がある程度の成果を出していたとしても、事業に関わるメンバーが事業を成長させることよりも、赤字にしない、新たなアイデアを出さないといった現状維持の姿勢に入っているように見える〝拳を下ろしてしまった〟場合は、追加投資をやめる、リーダーを交代させる、最悪は撤退といった判断もあり得ると言っていました。

〝良質な失敗〟を生み出す人材を育成する

事業撤退が経営者の大切な役割だとするのであれば、事業から撤退（ないし縮小）した案件に関わったメンバーをどう評価するかは気を付けないといけません。「失敗＝メンバーの責任」という前時代的な考え方では、誰もこのようなチャレンジをしなくなります。また、失敗から教訓を得て、これを社内に還流することで組織全体が学ぶチャンスを失うことにもなります。近年、このような失敗の奨励の大切さが説かれていますが、その一方で、どのような失敗でも無条件に奨励できるわけではありません。「失敗にも良い失敗と悪い失敗がある」ということは、さまざまな研究がされています。一例を紹介すると、ブライアント大学経営学部教授のM・ロベルト氏は、著書の中で価値のある失敗を奨励することを推奨しつつも「経営者にとって最も重要なことは、容認すべき失敗とそうでない失敗の選別基準を組織全体に周知させておくことだろう」とも述べています。表2－3はM・ロベルト氏が著書の中で述べている失敗の評価観点であり、この条件に照らして価値を認められない失敗は「容認できない失敗」だということになります。

失敗が奨励される大前提は、それが組織学習の観点から見て価値のある失敗であるということです。ですから失敗が奨励されたり、許されたりすることと、失敗について何も追及されないことはまったく違います。失敗を組織の糧とするた

2-3　失敗の評価法

失敗の前	失敗の最中	失敗の後
計画を立てるに当たってどのようなプロセスをたどったか	進捗状況を計画的に測定していたか	個人的な責任を認めたか
それが可能な場合、効果的な事前テストを行っていたか	中間評価に基づいて当初の計画に修正を加えていたか	失敗から最大限に学ぼうとしたか
過去の同じような活動から学ぼうとしていたか	失敗を取り戻そうとしてますます深みにはまるようなことはなかったか	失敗から何らかの有形・無形の財産を取り戻そうとしたか

出典：『なぜ危機に気づけなかったのか』（マイケル・ロベルト、英治出版）

めには、取り組みに関与したメンバーは、取り組みの流れをすべて明らかにした上で、何が失敗の原因だったのか、どのような判断に基づき対応をしたのか、他の回避策は考えられたのかといったことを明らかにし、組織にノウハウを提供していく責任があります。

この時、多くの人に気付きを与えられる失敗こそが求められる失敗です。失敗を聞いた人が「それは誰もが同じ罠に陥りそうだ」「そんな問題が起きるなんて自分も想像できなかった」と思うような失敗談を語ることが大切なのであって、聞いた人が「そんなことも分からなかったの?」と思うような失敗ではあまり価値はありません。

その意味で失敗を奨励される(許される)文化というのは、決して組織の規律が甘いということではありません。高い能力と意思を持ち、失敗の責任を認め、正直に周囲に話すことができる率直さを持つことができる人だからこそ、次のチャンスを与えられるのです。失敗が奨励される組織とは、組織に所属する各個人が、誰よりもまず自らに厳しい姿勢を持ち続けることができる故に可能であることを心に留めておかなければなりません。

経営者は、ロベルト氏が言うような失敗の容認基準を明らかにすると同時に、奨励される失敗を生み出し、周囲に語ることができる高い能力と人間性を持った社員を採用し、育成しなければなりません。先ほど「経営者の役割はボクシングのセコンドに似ている」という話をしました。ボクシングのセコンドとなるコーチたちの試合外での大切な仕事は、選手の発掘と育成です。経営者にもこれと同じことが求められるわけです。

ここまでいくつか経営者の役割を見てきたわけですが、アジリティを重視すればするほど市場への価値提供の設計（＝事業戦略立案）のリーダーは現場に移ります。その結果、組織階層上の上位にいて、これまで〝リーダー〟と呼ばれていた経営者や上級管理職はむしろ〝フォロアー〟として、組織構造の設計や人材育成の土壌作りを行うことが、役割の中心となります。このような経営の考え方について、第一章で紹介した『アダプティブ・エンタープライズ』の著者のスティーブ・ヘッケル氏は「（アダプティブ・エンタープライズにおける）戦略とは適応力のある構造のデザインである」と述べています。事業そのものは短サイクルでさまざまなアイデアが生まれ、そのいくつかは消え、そしていくつかは次世代を担う事業として成長していくでしょう。経営者はこのような事業が生まれ、その中から有望なものが生き残っていく、組織の文化を作り上げる必要があります。その道のりは個々の事業よりもはるかに長く、より広い視野でものを考えていかなければなりません。

原点回帰する経営の姿

ここまで述べてきた事業創造の姿を簡潔にまとめると次のような言葉になります。

「市場や顧客接点からの洞察を元に、自身の直感や想いも頼りにして事業を企画する」

「事業を素早くはじめて、現場の気付きを活かしながらすぐに戦略を修正する」

「お客様接点やものづくりの現場に近い人が事業を推進する」

これらは何も新しいことではなく、過去から事業創造においては同じことが言われてきたようにも感じます。おそらく本田宗一郎や松下幸之助をはじめ、歴史上の偉大な創業経営者たちもこのような考え方で、現在の大企業の基礎を築いたのではないでしょうか。

しかし、そうやって生まれた企業も成長して巨大企業となり、経営者も創業者から後継者に引き継がれていきます。すると、経営に携わる人の中には、必ずしも自身でゼロから事業をはじめたり、組織を立ち上げたりした経験がない人も増えます。経営はフロンティアを開拓することよりも、巨大組織を規律をもって維持することが中心となり、そのような中で、情熱を糧に事業をはじめることよりも、論理的に隙のない計画で周囲を〝論破〟できるかどうかが企業運営の中心となってしまったように思います。

このような企業運営の考え方の変化の中で、各種の戦略フレームワークや分析手法が発達したという側面は否定できません。私たちのような経営コンサルティング会社が急成長したり、さまざまな市場分析の手法が生まれたりしたのは、この40年～50年の間のことです。しかしながら、理論や手法論にこだわりすぎることは、事業の本質は市場に価値を届けること、言い換えれば社会の問題を解決して、社会を少しでもより良い方向に導くための活動だという根幹を忘れているようにも思えます。

市場やお客様のニーズに対する気付きがはじめにあり、その気付きを検証するために手法は存在しているのであって、手法を駆使すれば簡単に稼ぐ方法を見つけることができるというのは本末転倒です。そもそも、理論だけで成功法則を見つけ出せるなら、そんな簡単なことはありません。現実の事業は〝千三つ〟[※7]と言われるように、失

※7…1000の新事業に成功は3つしかないという、事業成功が難しいことの例え。

敗だらけの世界です。

このように考えると事業創造においてアジリティを育てることは、経営の原点回帰とも言えます。各種の手法は役には立ちますが、最後は事業推進リーダーがどこまで自分の言葉で、熱意をもってその事業の意義を語れるかが、これからの事業戦略の鍵となります。そして経営者はそのような人材を獲得し育てる組織の構造と文化を、どのように形作るのかを問われていくでしょう。

Column

アジャイル開発からビジネスアジリティへ

〝アジリティ〟と聞くと、アジャイル開発手法との関連が気になる方も多いかと思います。第一章でも説明したように、ビジネスアジリティのコミュニティはアジャイル開発手法のコミュニティから発展し、形成されてきた経緯があります。ですからアジャイル開発の基本的な考え方と、アジャイル開発手法が他のビジネス領域に展開された背景を知ることは、現在のビジネスアジリティの状況を知る上でとても参考になります。ここではアジャイル開発がビジネスアジリティに展開されてきた過程について、より詳しく紹介したます。

これまでのウォーターフォール開発手法の問題点

アジャイル開発が生まれる以前、ソフトウェア開発はウォーターフォール開発と呼ばれる手法が主流でした。ウォーターフォール開発ではソフトウェアの企画、要件定義、設計、開発、テスト、そしてリリースといった工程を順番に行っていきます。各工程は企画時に策定された計画に従って進み、一つ一つの工程の完了時には綿密なチェックを行い、そこまでの作業に問題がないことを確認してから次の工程に進みます。このように、正確性と計画性を重視することがウォーターフォール開発の特徴ですが、これらが次第にビジネス側の期待にそぐわない局面が増えてきました。

ウォーターフォールでは事前にソフトウェアの細かい仕様をすべて決めて、ソフトウェアを構成する各機能（モジュール）間の整合性をしっかり確保します。これが完了しなければエンジニアはプログラミングに入れません。ですから大規模なソフトウェアになれば初期稼働までに年単位で時間がかかることもあります。また、仮にソフトウェアを構成するモジュールのうち、どこか一部でも要件定義や設計に遅れが出ると、開発全体が遅れていきます。そうこうしているうちに、既に設計が完了している機能すら陳腐化し、時代遅れになったりします。

また、設計文書だけでソフトウェアの挙動をイメージすることにも限界があります。仕様を細部まで詰めて承認されたはずの機能が、いざソフトウェアが出来上がり、ユーザーに見てもらうと「思っていたものと違った」と言われてしまったりします。

さらに、ウォーターフォール開発の現場では、プロジェクトメンバーの協力関係にも問題が生じることがあります。ウォーターフォール開発では、上流工程でユーザー側が要求を明確にし、要求に従って下流工程でエンジニアがソフトウェアを開発します。そのためユーザーは上流で決定した要求をなんとか通そうとする一方で、エンジニアは実現難易度の高い要求をなんとか取り下げさせようとします。これによりユーザーとエンジニアの関係が対立構造となってしまうのです。このようなさまざまな問題により、ビジネスのスピード感にソフトウェア開発がついていけない局面が目立つようになりました。

アジャイル開発の特徴と、求められる個人とチームの行動変容

このような問題を解決するために、世界中でさまざまな新しいソフトウェア開発の手法が提唱されるようになります。これらの手法はどれも「企画や設計に時間を費やすよりも、素早くソフトウェア（プロトタイプ）を組み上げて、実機を確認しながら、細かい仕様を検討する」「文書による設計や交渉ばかりに頼らず、関係者の対話と相互理解を重視する」といった共通の要素をもっていました。

そして2001年、これらのソフトウェア開発手法の提唱者たちが、連名で一つの宣言を世に出します。これが「アジャイルソフトウェア開発宣言」で、広く「アジャイル宣言」と呼ばれるものです（図2－4）。「アジャイル開発」とは、この宣言の精神に基づいて行われるソフトウェア開発手法の総称です。「アジャイル開発」という単一の手法が存在するわけではなく、「スクラム」「XP（eXtreme Programming）」などさまざまな

2-4　アジャイルソフトウェア開発宣言

私たちは、ソフトウェア開発の実践
あるいは実践を手助けをする活動を通じて、
よりよい開発方法を見つけだそうとしている。
この活動を通して、私たちは以下の価値に至った。
プロセスやツールよりも**個人と対話**を、
包括的なドキュメントよりも**動くソフトウェア**を、
契約交渉よりも**顧客との協調**を、
計画に従うことよりも**変化への対応**を、
価値とする。すなわち、左記のことがらに価値があることを
認めながらも、私たちは右記のことがらにより価値をおく。

Kent Beck
Mike Beedle
Arie van Bennekum
Alistair Cockburn
Ward Cunningham
Martin Fowler
James Grenning
Jim Highsmith
Andrew Hunt
Ron Jeffries
Jon Kern
Brian Marick
Robert C. Martin
Steve Mellor
Ken Schwaber
Jeff Sutherland
Dave Thomas

出典：https://agilemanifesto.org/iso/ja/manifesto.html

手法をまとめた言葉となります。

アジャイル開発の特徴の中でも、特に大切な概念が「優先順位の高い機能から迅速に開発し、完成した機能の出来栄えを見ながら、後続の機能の仕様や開発優先順位を調整する」という考え方です。この考え方が「小さく素早くはじめる、そして大きく育てる」というビジネスアジリティ全般に通じる大きな特徴となっていることは第一章で説明した通りです。

このように登場したアジャイル開発は、今ではソフトウェア開発の主流とも言える手法となっています。日本での普及は未だ途上ですが、海外ではほぼすべての企業が何らかの形でアジャイル開発を導入しているとするレポートもあるくらいです。[※8] しかし、アジャイル開発が普及する過程は、決して平たんなものではありませんでした。

ソフトウェア開発に限らず私たちのこれまでのビジネスは、計画に従い正確に作業を行うことを重視してきました。ですから、不完全さを受け入れながらも、トライ＆エラーでソフトウェアを少しずつ良くしていくというアジャイル開発の思想は、それに慣れていない人にとっては強いストレスになります。

※8…ベライゾン社が毎年行っている「Annual Stage of Agile Report」では、2016年時点（第11回調査）で、回答者の94％がアジャイル開発の実施経験があると答えています。

また、ユーザーとエンジニアが一体感をもって、一つのチームとして運営することを重視するアジャイル開発では、メンバーの相互理解と相手への敬意を、より強く意識しなければなりません。この点で「ユーザーは要求を伝える」「エンジニアは言われたものを作る」という従来の狭い役割分担に囚われない行動が求められます。他にもさまざまな点で、アジャイル開発はそれまでのソフトウェア開発に慣れた関係者に、意識やスキルの面での行動変容を強います。

どれだけ優れた手法であっても、正しい意識の下で、適切なスキルを持った人々が運用しなければ効果は発揮されません。アジャイル開発が提唱された当初は、人の行動変容の必要性が十分に理解されないまま、手法の進め方だけをまねた〝アジャイルもどき〟とも言えるソフトウェア開発が数多く行われました。そして、その多くは低品質なソフトウェアが出来上がったり、ウォーターフォール開発よりもむしろ完成に時間がかかったりしてしまうというような、失敗プロジェクトとなってしまったのです。

このような背景の中で、アジャイル開発が求めるチームワークを実現するために、個人とチームの行動変容を支援する「アジャイルコーチング」という手法が登場しました。この専門家がアジャイルコーチで、アジャイルコーチはチームの抱えている人間関係やコミュニケーション上の問題を外の目線から指摘し、チームの対話を促進する活動を行ったり、個々人をコーチングしたりすることで、メンバーの成長を支援します。アジャイル開発が定着していく過程には、このようなさまざまな試行錯誤があったのです。

アジャイル開発の手法が、ビジネスのさまざまな領域で応用される

アジャイル開発手法に慣れ、その効果を実感した人々は、その実践知を企業内の異なる領域にも展開していきます。特に新製品開発やマーケティングといった領域はいち早くアジャイル手法が応用されました。市場の反応を見ながら迅速に軌道修正を行う必要があるこれらの領域は、アジャイル開発の考え方と親和性が高かったのです。この過程でアジャイルコーチングは、アジャイル開発の実現という枠を超えてビジネスのアジリティ全般を高めるための手法として適応領域を広げていきました。

このようなアジャイル開発からビジネス全般のアジリティへの広がりの中で、さまざまな分野の〝アジャイルな〟経営を推進する人々が合流して発展してきた組織が今のビジネスアナリストコミュニティです。今時点で「ビジネスアジリティ」という言葉を前面に出して活動している団体、例えば「Business Agility Institute」や「Agile Business Consortium」といったコミュニティの中核を担っている人々はこのアジャイル開発関連の人々で、とりわけアジャイルコーチたちです。

第一章で説明したように、この他にも経営学や複雑系組織論といった他のコミュニティで類似の研究をしている人がおり、このような人もビジネスアジリティのコミュニティに合流をはじめています。ただ、アジャイル開発の関係者が多い現在のビジネスアジリティコミュニティの会話には、アジャイル開発の現場で使われている用語やエピソードが数多く登場し、多くの場合は知っていることを前提に話がされ詳しい解説はされません。ですから、もし本書を読まれて、このようなコミュニティに参加してみたいと考える人がいたら、事前にアジャイル開発の基本をおさえた上で参加すると、より効果的にビジネスアジリティを学ぶことができるでしょう。

第三章

ビジネスプロセスマネジメント

～実行一辺倒から、構造管理と変革へ～

第三章ではビジネスプロセスの視点からビジネスアジリティを考えます。ビジネスプロセスとは企業がお客様に製品（商品）やサービスを届ける一連の工程を指す言葉で、〝業務〟の集まりと考えても良いかと思います。[※1]企業はさまざまな業務が連携して、お客様に価値を提供することで存在しています。その意味で企業に起きる変化への対応は、最終的には日々の業務に反映されなければ意味がないということになります。この章は変化への対応を、いかに素早くビジネスプロセスに展開するかがテーマです。

デジタル化で変化する社員の役割

「ビジネスプロセス改革（＝業務改革）」というと、以前は数年から十年の間に一度の大きなイベントのような捉え方をされていました。ビジネス部門[※2]の仕事はもっぱらビジネスプロセスを決められたルールや手順に従って実行することであり、プロセスの構造を管理したり、変革したりすることは副次的な仕事だったのです。ところが、現在の経営環境では業務には大小さまざまな変化が常におきます。このような状況を考える一つの例として、新規事業の開始に伴うビジネスプロセスの変化を見てみましょう。

新しいサービスを迅速にビジネスプロセスに落とし込む

最近「サブスク」という言葉をよく聞くようになりました。「サブスクリプション」の略で、例えば鉄道の定期券のように、月会費や年会費を払うと期間中は商品やサービスを自由に使うことができる契約形態です。厳密には「商品に対価を払うのではなく、契約期間の間に自由に商品を利用できる〝権利〟に対価を払う契約形態」といった説明がされます。お客様を囲い込んでキャッシュフローを安定させたり、旧来の売り切り型のビジネスモデルよりもお客様の商品の利用状況を精緻に把握したりすることができるため、近年さまざまな業界で大変注目を集めています。

さて、あなたの会社はファッションブランドを展開しており、今まさにあなたの会社もサブスクリプションモデルのサービスを導入しようとしていたとします。このサービスでは定額の会費で、自社のさまざまな洋服を自由に交換しながら使うことが

※1…近年、このような企業の実行力一式を「ビジネスアーキテクチャ」と表現することも増えていますが、ここでは一般により定着した言葉として、ビジネスプロセスという言葉を使っています。専門的なビジネスアーキテクチャの視点からみたビジネスプロセスとは、アーキテクチャの要素の一つである業務の工程を示すより狭義の意味になりますが、ここではビジネスプロセスの定義はビジネスアーキテクチャと呼ばれるものと同等だとお考え頂ければと思います。

※2…「ビジネス部門」の中には、特定の製品・サービスを担当する事業部門も、調達や生産といった業務機能を担当する業務部門も含みます。

できます。既に新サービスのサービスラインナップやターゲットユーザー、課金モデルといったビジネスモデルの初期設計は終えました。第二章で触れたように、今の事業環境では新規事業は計画立案に時間をかけるよりも、素早く実行してＰＤＣＡを高速で回すことが大切です。ですから、あなたの会社でもサービスを提供するためのビジネスプロセスの構築を急いでいます。

サブスクリプションモデルを導入するにあたり、これまでと変わる仕事と、変わらない仕事があります。例えば商品の生産工程はこれまでと同様ですが、物流は大きく変わります。あなたの会社では使わない商品は返却してもらい、入れ替わりで新たな商品を届ける〝シェア型〟のサービスを提供しようとしています。[※3] そうなると物流はこれまでの出荷に特化した機能だけではなく、返却された商品の受け入れ機能が必要になります。サブスクリプション契約で出荷した商品の状況や返却情報、クリーニング状況などを管理する機能も必要です。このような業務に対応するために、現行の物流管理システムは大きな改修が必要になるでしょう。

ここでは物流の例を取り上げましたが、このような業務や情報システムの変更は社内のいたるところで起きます。お客様の注文機能も変わりますし、カスタマーサポートは発生しうるトラブル等を予測して対応方針を決め、コンタクトセンターのオペレーターを教育しなければなりません。管理会計においても、新たなレポート機能を追加する必要があります。準備を経て新規事業が動き出せば、法令や税制変更への対応、ライバル企業への対抗サービスの実装、お客様要望やトラブルへの対応、そしてコスト削減のための業務効率化の取り組みと、多岐にわたる活動を優先順位の高いものから順に絶え間なく変革し続ける必要があります。

ビジネスプロセスの観点から見たアジリティのポイントは、変化の要求に即応できるビジネスプロセスの構造管理と変革です。このような活動をビジネスプロセスマネジメント（BPM）と言いますが、これを担うのはそれぞれのビジネスプロセスを管轄するビジネス部門となります。しかし、期待と裏腹に近年、ビジネス部門が主体的にビジネスプロセスをマネジメントすることが難しくなっています。

人の役割がプロセスの実行から構造管理と変革へシフトする

今の経営環境においてビジネス部門がプロセスをマネジメントすることが難しい大

※3…サブスクリプション契約には、商品の返却を伴わない〝売り切り型〟と呼ばれる形態も存在します。

きな要因が、ビジネスのデジタル化です。デジタルソリューションが浸透した現在の業務の現場では、ボタンを押せば必要な情報の収集や計算を行った上で、システムが帳票を作成してくれます。これでは、オペレーションの担当者は帳票上の各項目の定義や、計算の論理を完全に理解する必要はありません。また企業間システム連携やネット通販が浸透している受発注のプロセスのように、処理全体が自動化され人がまったく関わらないプロセスも増えました。こうなると、本来の責任部門の担当者ですら、その業務の実態は分からなくなります。まだ手作業の時代の業務を知っている担当者が残っているうちは良いのですが、人の交代が進みデジタル化されて以降に配属された担当者となると、自らが行っている業務の構造を経験則から理解することは不可能となります。このようなことはアウトソーシングのような社外の協力会社の活用でも起こり得ます。

また、企業統治上のさまざまな観点が入り込んだことも、ビジネス部門のプロセスマネジメントを難しくした要因の一つです。コンプライアンス、BCP（事業継続計画）、情報セキュリティ、輸出管理や環境管理といったように、業務上で求められる周辺知識はすさまじい勢いで増えています。各ビジネス部門の担当者は生産や販売といったそれぞれのプロセスの専門家ではあるのですが、現在のビジネスプロセスはこのような周辺知識もなければ運営できません。

こうしたことから、もはやビジネス部門は自らの責任範囲の業務ですら理解できていないことがあり、必然的に変化の要求に対して主体的に業務を変革することもできなくなります。また、業務の構造を体系的に説明できないことは、何かトラブルがあったり、監査などで業務実態に関する問い合わせが発生したりしても、それらに説明責任を果たすことも難しくします。

今の経営環境は、従業員の役割に大きな変化を強いています。これまでのビジネスにおいて人は実行者そのものでした。ところが今、オペレーションの実行主体はデジタルツールやロボットといった機械に移り、人の役割は徐々に機械の監視や保守、そしてプロセスの変革活動に移りつつあります。こうなると自分がその業務を経験しているかとか、普段自ら手を動かしているかどうかといったことは、自らの責任範囲と直接の関係はありません。人は自分が実行していない範囲まで説明責任を果たす必要があります。残念ながら現実の企業の人材育成は、このような人の役割のシフトにまったく追いついていません。

これからの経営では総じて、企業は現場の経験則ばかりに頼った人材育成から脱却

3-1　LTSのプロセスマップ

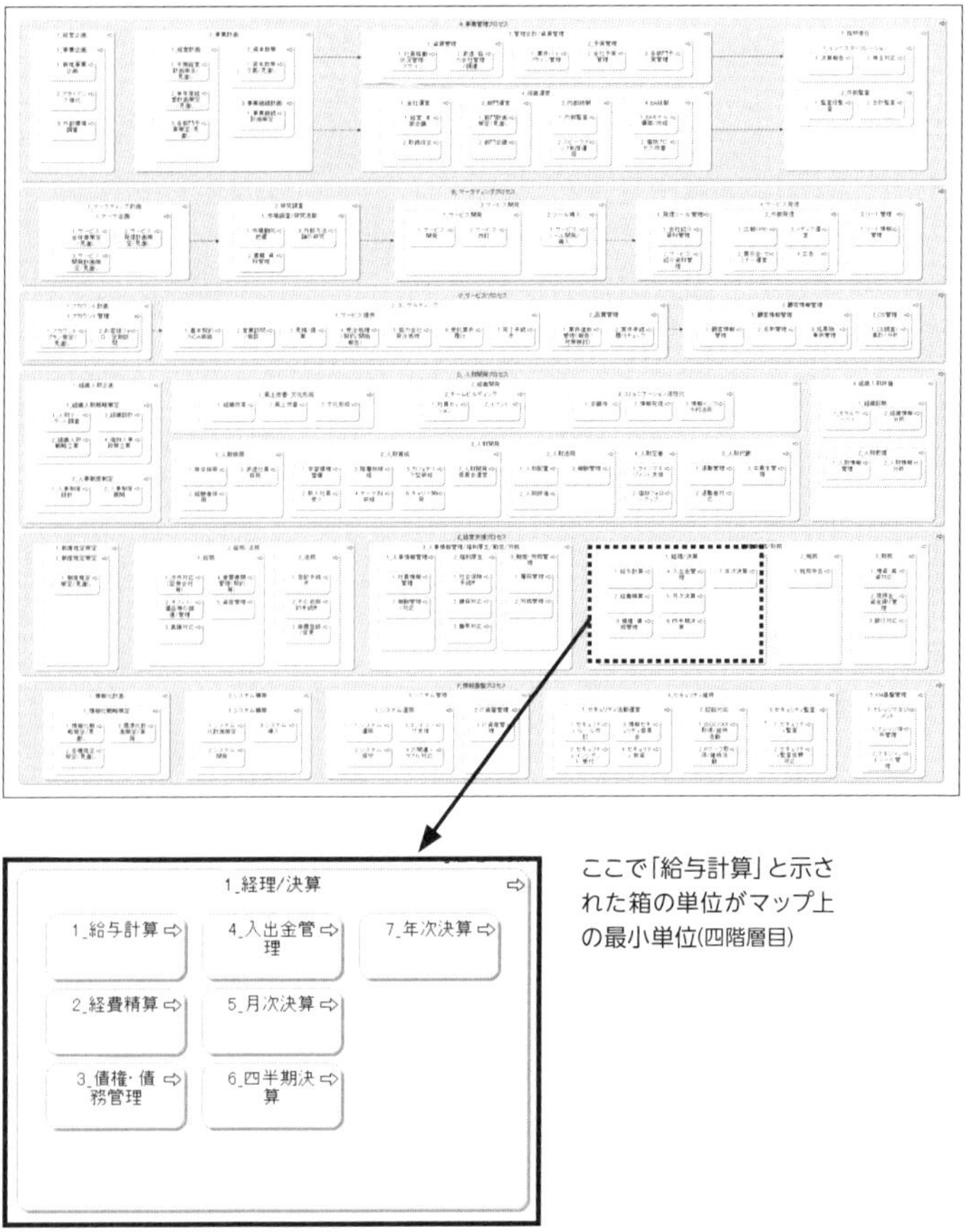

ここで「給与計算」と示された箱の単位がマップ上の最小単位(四階層目)

していく必要があります。現場での経験はもちろん大切なのですが、これらと合わせて理論的にビジネスプロセスを理解し、変革する専門性の習得を考えていく必要があるのです。

業務を構造的に分解して理解する

それでは、「理論的にビジネスプロセスを理解し、変革する専門性」とはどのようなものなのでしょうか。このような専門性を「ビジネスアナリシス」[※4]と呼びますが、まだ日本では十分に認知されていません。ここではビジネスアナリシスを活用してプロセスを理解し、変革する流れを簡単に説明します。

※4…業務構造理解と変革のための手法には「ビジネスアナリシス」「ビジネスプロセスマネジメント」「ビジネスアーキテクチャ」といったさまざまなものがあり、これらもより細かい数多くのテクニックの集合体です。その視点や得意な領域には細かい差異がありますが、究極的にはどれもプロセスを（経験則ではなく）分析を通して理解するとともに、デジタル技術のようなソリューションに対して適切な要求を生成するための専門性です。ここではこれらを総称して、「業務分析」の直訳に近い「ビジネスアナリシス」としました。ですから、ここで言っている「ビジネスアナリシス」は、ビジネスアナリシスの啓蒙団体の定義のような厳密なものではなく、企業のプロセス変革を可能にする手法の総体としての広義の定義で便宜的に使っているとご理解頂ければ幸いです。

ビジネスプロセスの理解はまず棚卸しから

ビジネスプロセスを理解することは、その範囲が全社であれ特定の部門の中であれ、漏れなくプロセス（業務）を洗い出すことからはじまります。以前に、あるネット通販の会社で業務の可視化を行ったところ、一つのフローとして記述すべき業務の塊（＝プロセス数）が全部で５００ほどありました。図３－１はＬＴＳのプロセスの一覧で、プロセスマップと呼んでいる図です。プロセスマップは自社のプロセスの構造を階層で表現しており、一番細かい単位（この図中では四階層目の単位）だと約１３０の業務が識別されています。プロセスマップは、このような形で分類して地図のように表現することで、組織にある業務を俯瞰することを可能にします。

ここからビジネスプロセスの変革を行う場合には、このプロセスマップの中からそれぞれの変革の要求に照らして「1．変更の必要がないプロセス」「2．変更が必要なプロセス」「3．新たに追加が必要なプロセス」さらには「4．今後は必要なくなるプロセス」を識別していきます。この時、「1．変更の必要がないプロセス」以外のすべてのプロセスが変革活動の対象範囲となります。

一つ一つのプロセスを要素ごとに理解する

プロセスマップに表現されている一つ一つのプロセスは、さらに細かい要求事項の集合体です。例えば「給与計算はこのような順序（手順）で実行しなければならない」といった手順に関する要求、「消費税率は10％で計算しなければならない」といったルールに関する要求、「従業員情報は規程により定められた従業員コードで管理されなければいけない」といった情報に関する要求、「従業員情報や支払給与額といった情報から構成される給与計算結果を生成しなければならない」といったアウトプットに関する要求など、さまざまな要求が寄り集まって一つのプロセスを構成していることになります。これらの要求事項の関係を示したものが図3－2です。

私たちは普段、このような要求の集合体を〝プロセス〟や〝業務〟などと呼んでおり、このプロセスを構成している要素のことを専門用語で「ビルディングブロック[※5]」と呼びます。さながら玩具のブロックのように、さまざまな要求（＝ブロック）が組み合わさって一つのプロセスを形作っています。ビジネスアナリシスは、このような視点を

※5…ビルディングブロックという言葉はエンタープライズアーキテクチャ（ＥＡ）というデジタル基盤（ＩＴ）を全体最適で導入するための手法で登場する考え方です。ＥＡでは企業組織をブロックで作られたビルのような構造物に例えます。一見して一つの構造物のように見える企業組織も、実は細かい要素に分解することが可能だと考えているわけです。

3-2 プロセスの構造

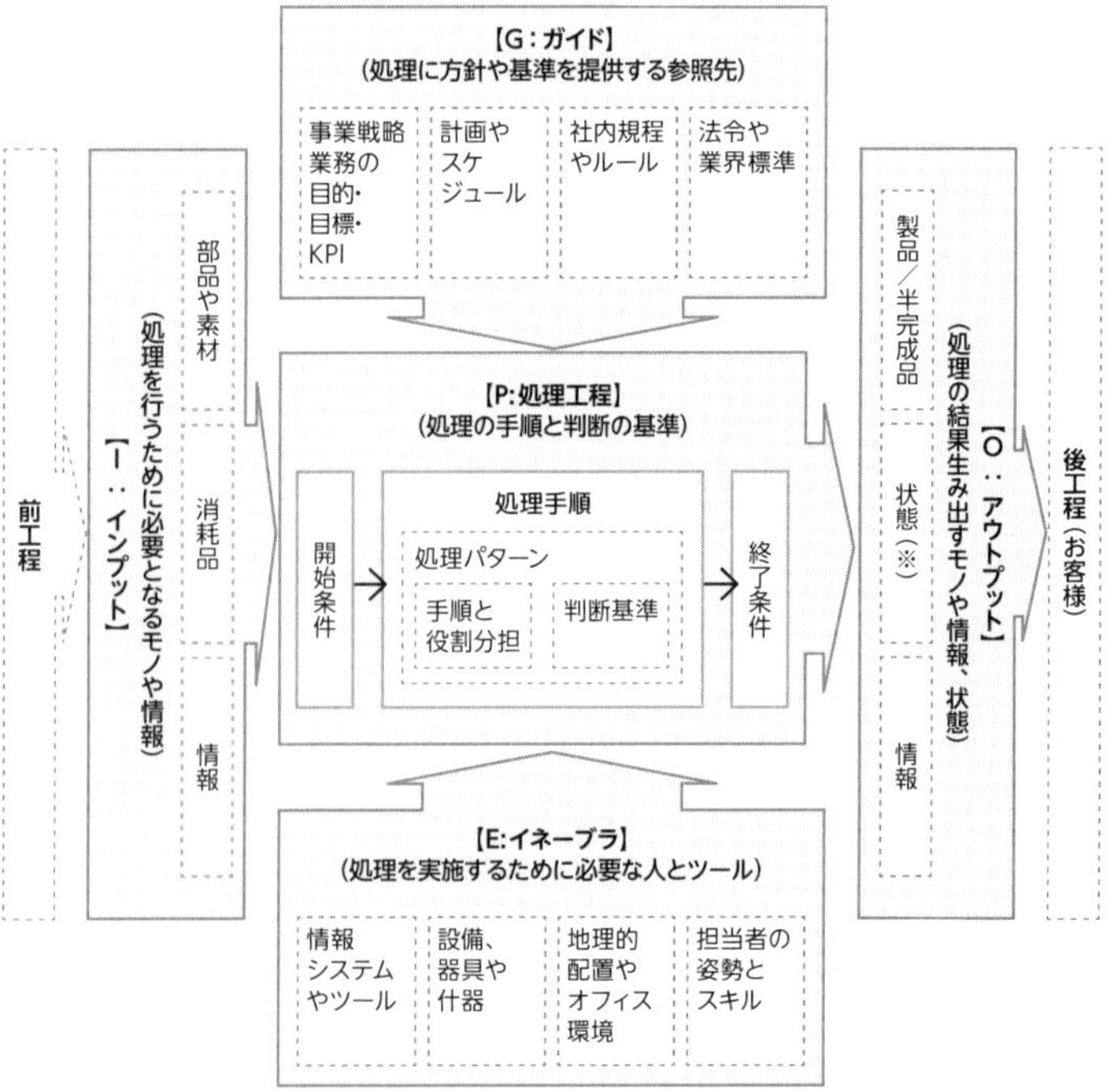

※サービスの種類においてはアウトプットが製品や情報ではなく「状態」となることがある(例：清掃、散髪)

押さえながらプロセスの構造を分析していきます。

この時に大切なのはプロセス構造を「理解すること」であって、決して「文書化すること」ではないということです。現実にはプロセスを構成する要素をすべて詳細に文書化することは不可能に近く、仮に文書化したとしてもその内容を最新に保つために、多大な労力がかかってしまいます。文書はあくまでも人の理解とコミュニケーションを助けるツールで、それ自体が目的ではないことはご理解ください。

海外の企業でプロセスの構造管理を行っている事例を見ると、プロセス構造の文書化は粗い粒度の業務フローにとどめ、それ以上の細かい要素は、業務の詳細を理解している担当者間のコミュニケーションで補完する考え方が主流です。そのような粗い粒度の資料でも、まったく文書の支援がないよりもはるかに効率的にプロセスを理解し、共有することができるのです。

個々のプロセスの構造を把握した後は、その時々の環境に応じて、プロセスの中から交換が必要な部分を見つけ出し、図3-3のようなさまざまなソリューションを駆使して、プロセスを最適化していきます。前述のように、ビジネスプロセスをブロックの集合体として見る視点を持っていることは、このようなプロセスの再設計（改善・変革）を容易にします。結局のところ、プロセス変革を上手く進めることができないのはブロックの構造を理解できておらず、変えるべき箇所とその変えるべき方向性を特定できないからです。ビジネスプロセスの変革とは、プロセスを構成するビルディングブロックの中から交換させるべきブロックを抽出し、交換する作業だとも言えます。

ビジネスアナリシスが従業員の必須能力になる

企業の戦略、ビジネスプロセス、そしてビルディングブロックを自動車に例えると、戦略は自動車の企画書にあたります。どのようなユーザーを対象にしたどのような特徴をもった自動車なのか、外見や内装のデザインはどのようなものか、何が訴求ポイントなのか、想定されるコストや販売価格はいくらなのかといったことが説明されています。しかし自動車には設計図が必要です。華やかで読みやすく書かれた企画書に比べると設計図は地味で複雑ですが、これがなくては自動車を作り上げることはできません。設計図で大切なのは完全性と正確性です。一台の自動車を組み上げるために最低限必要なすべての要素を、間違いなく記述しなければなりません。この設計図に基づいて部品を製造し、組み上げることで一台の自動車が完成します。ビジネスにおいては、設計図に記された自動車の構造がビジネスプロセスです。そして、自動車の部品にあたるものがビルディングブロックとなります。

3-3　プロセス変革に活用されるソリューション（解決策）

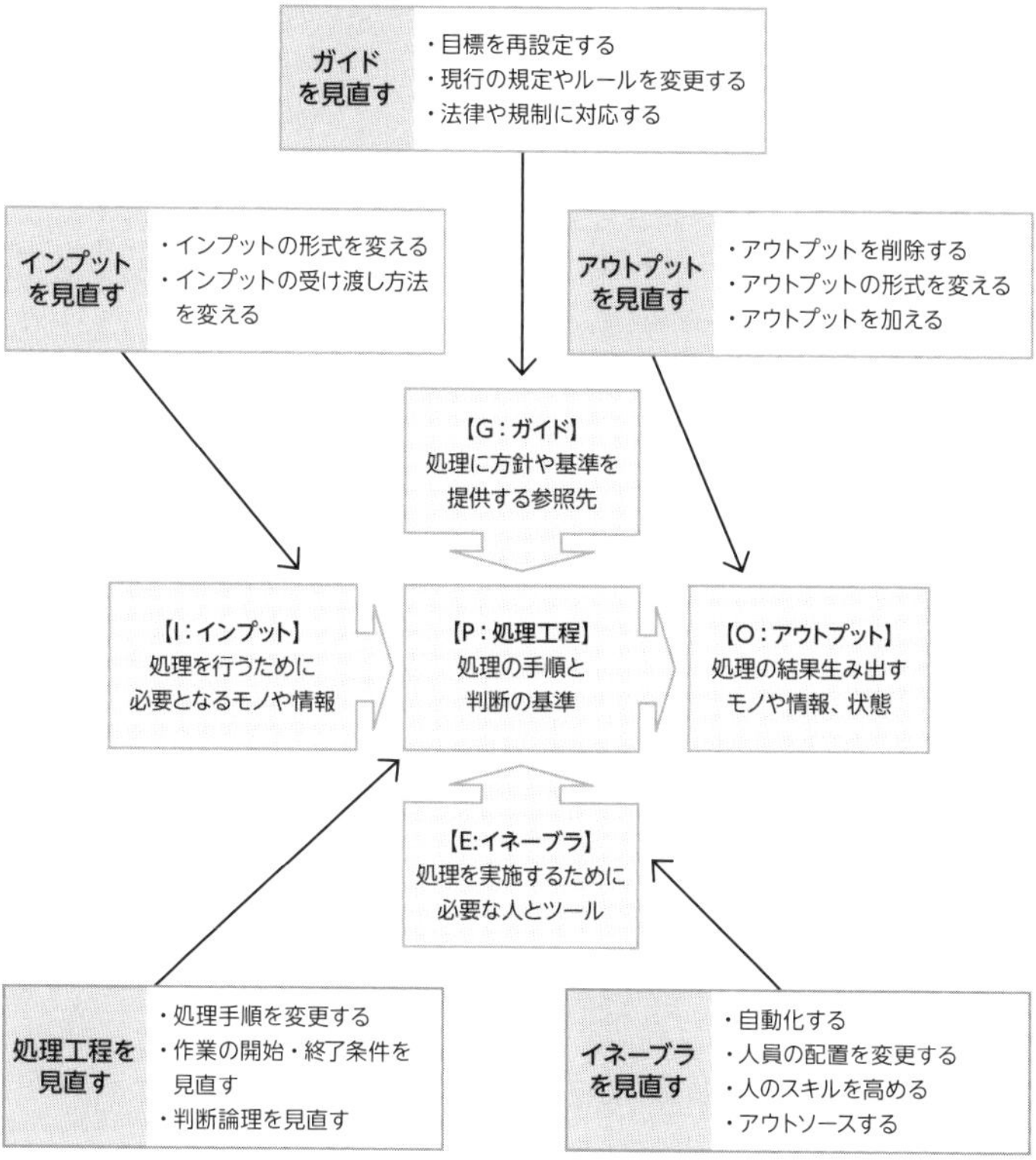

変化に際して新たな事業戦略を速やかに実装しようとすると、設計図であるビジネスプロセスへの落とし込みが大きな壁になります。企画書（この場合は戦略）は多少、粗くても先に進めます。しかし、設計図がいい加減では先に進めません。戦略は迅速さを重視する一方で、ビジネスプロセスは完全性が大切になります。そして、完全性の裏で迅速さを犠牲にしないためには、このようなビジネスプロセスの構造をしっかり理解し、変革が可能な能力を有していることがポイントになります。ビジネスアナリシスはこのための鍵となる専門性だと言えます。

残念ながら日本企業でビジネスアナリシスの訓練を十分に受けている社員はほとんどいません。私は普段、公開セミナーでビジネスアナリシスの研修講師を行っています。この時「社内で業務フローの書き方を研修等で習ったことがある方はどれだけいますか？」と質問すると、多い時でも参加者の1割～2割で、まったく手が挙がらないことも珍しくありません。

また、このような知識やテクニックを学んだとしても、実際の変革活動の場で適用しないことにはスキルとして十分に身に付きません。しかし、変革経験の場も圧倒的に足りないのが実態です。

経験の場の不足の影響は、変革経験を通して変革プロジェクトの進め方や心構えを学ぶ機会がないというだけではありません。これまでの仕事の手順とルールに慣れ切ってしまうと、不安や恐怖感から変化への抵抗感ばかりが育ってしまいます。そのような心理的な障壁は、ビジネスアジリティを高めていく上で最も大きな壁となります。実はこうした心理不安を解消する最も有効な方法が、変革活動に参加し、自ら何かを〝変える〟という経験を積むことです。このように変革のスキルの育成のためには、知識やテクニックを学ぶことはもちろん、育成を目的とした変革活動の場の創出も考えていく必要があります。

部門を越えたネットワークでプロセスを最適化する

これからはビジネスアナリシスのようなプロセスの構造管理と変革のための能力は、従業員の必須スキルとなります。これらの専門性を駆使して、まず自分が担当している領域についてしっかり説明責任を果たし、必要な変革を担えるようにならなくてはいけません。

その上で、各領域の担当者は担当プロセス周辺の、他部門が管轄するプロセスについても学び、お互いに連携していく必要があります。現在の企業変革は調達、生産、物流、販売を貫くサプライチェーンや、店舗やネット販売、コンタクトセンターなどを貫く多様化した顧客接点（オムニチャネル）といった部門を横断した〝End to End〟の視点が大切になるからです。それぞれのプロセスの構造理解と変革に責任をもつ人（ないし組織）をプロセスオーナーと呼びますが、各プロセスオーナーは担当領域だけでなく周辺の隣接するプロセスについても学ばなくてはなりません。そして、プロセスオーナーが、お互いに連携することで、企業のビジネスプロセス全体に大きな変化を生み出していくのです。

部門を越えてプロセスのあるべき姿を議論する

大きな視点でビジネスプロセスの変革を進めていくには、End to Endを構成するプロセスのオーナーたちが一つのコミュニティを形成する必要があります。玩具のブロックで有名なLEGO社は、各プロセスのオーナーが集まりEnd To Endでプロセスの統合管理を行うために「プロセスエキスパートネットワーク（Process Expert Network：PEN）」というコミュニティを組織しています。※6

例えば「グローバルサプライチェーン」のPENには生産や物流、調達、オーダー管理といった各プロセスのオーナーが集います。それぞれのプロセスオーナーはどれか特定のPENにのみ所属するわけではなく、例えば品質管理プロセスのオーナーは、「グローバルサプライチェーン」と「マーケット&プロダクツ」の双方のPENに所属するといったように、マトリクス型の構造となっています。

このようなコミュニティに集うプロセスオーナーは、自分の担当領域だけでなく、自社のプロセス構造の大きな枠組みを理解し、目標を共有した上で、各自の専門分野を活かして協力してビジネスプロセスの運営を行います。

日本の製造業には製品の開発段階から、製品開発の担当者だけでなくマーケティングや生産技術といったさまざまな担当者が集まって開発を進める「大部屋」という考え方があります（一つの大きな部屋に皆が集まるためこう呼ばれます）。この体制は製品開発担当者が行った製品設計が、後になって実装が難しいことが判明して設計がやり直しになるのを防ぐとともに、一般的に対立しがちな各機能部門の担当者のチームワークを形成し、一つの素晴らしい製品を市場に出すという目標に皆の目線を合わせる効果があります。このような〝大部屋〟をビジネスプロセスの管理にも適用するのだと考

※6…Transforming the lego group for the Digital Economy (Massachusetts Institute of Technology)
https://ctl.mit.edu/sites/ctl.mit.edu/files/attachments/MIT_CISRwp407_TheLEGOGroup_AndersenRoss_0.pdf

えると良いでしょう。

工具などの間接資材の通信販売を扱う株式会社MonotaROでは数年の時間をかけて、各部門のリーダー（＝プロセスオーナー）が自身の担当するプロセスを可視化する取り組みを進めました。それぞれが書き出したプロセスは、部門を横断したEnd To Endの状態につなげて休憩室の壁に貼り出され、経営から現場リーダーが一堂に会したプロセスの学習と問題発見のセッションを行っています。例えば「受注～発送～請求」の注文処理の流れでは、このプロセスを担当するカスタマーサービス部門、物流部門、請求処理を担当する管理部の担当者が集まり、担当業務の手順や目標、ＫＰＩ、そして現状の課題について順番に説明し、他の参加者と議論をします。これはEnd To Endのビジネスプロセスを共有するコミュニティ形成の活動の一つの例だと言えます。[※7]

経営学では、それぞれ違う経験や専門性を持った人々がお互いにつながり、ノウハウを交換しながら連携する組織は高い生産性を示すといわれており、このような考え方を「トランザクティブメモリー」といいます。自分に足りないノウハウが必要になった時に何から何まで自分で勉強して対処するよりも、「組織の中の誰がそれに詳しいか」を知っていて、その人材に速やかにアクセスした方が、圧倒的に効率的です。

End To Endのプロセスごとのコミュニティにプロセスオーナーが集い、お互いの状況や知見を共有することは、このトランザクティブメモリーを育て、何か変革の必要が生じた際には速やかに連携できる社内文化を形作ることにつながります。ビジネスアジリティの「サイロを越えてネットワークで連携する」という原則は、ここでも大切になります。

専門家を置きつつも、すべての社員が主体的に連携する

ここまで紹介したような活動を行うためには、社員はビジネスアナリシスやプロジェクトマネジメントといった、プロセスのマネジメントに必要な能力を身に付ける必要があります。しかし、これらの能力を社員が独力で身に付けることは簡単ではなく、トレーナーでありコーチとして振る舞うビジネスアナリシスの専門家を社内に置くことも考慮しなければなりません。このビジネスアナリシスの専門家が「ビジネスアナリスト」です。ビジネスアナリストは、ビジネスプロセスを変革するための手法の専門家で、エンジニアのような他の変革専門人材と共に企業の変革を推進しま

※7…このMonotaROの事例については拙著『Process Visionary』（プレジデント社）に詳しく解説しています。

す。欧米企業では既に一般的な役割となっており、その数は全世界で100万人から200万人とも推定されます。日本ではまだ知られた役割ではありませんが、認知は徐々に進んでおりビジネスアナリストを置く企業も増えています。またこのようなプロセス変革の専門家を置いた専門部門（例：業務改革室）を置いて、ノウハウを蓄積することができる体制も考えるべきでしょう。

ただ、専門家や専門部門があれば、ビジネスプロセス変革を任せることができるという認識は持つべきではありません。大小さまざまな変革の取り組みが恒常化する中で、必要な変革専門人材を十分に育成し、多数在籍させることは簡単ではなく、多くの企業でこのような人材は不足気味です。そうなると変革専門人材は、どうしても大規模な取り組みや、経営主導の取り組みに注力せざるを得ません。

また、部門の気付きから生まれた改善活動の積み重ねは、積もれば大きな効果となりますし、現場の業務が日々より良くなるという実感は現場のモチベーションを高める効果もあります。そのような観点からも、専門人材は高度な活動や全社的な活動、そして社員への教育担当やコーチとしての役割に注力させ、オペレーション現場で改善可能な小さな活動は現場で機動的に行う方がアジリティは高くなります。そもそも各ビジネス部門の成果に最終責任を持つのはプロセスオーナー側であることを考えても、原則としてプロセスの構造管理と変革の責任はまずビジネス部門側にあり、専門家（専門部門）はその支援者である必要があります。

総じて、これからの企業では、複雑化し膨大な情報量となるビジネスプロセスのマネジメントを、特定の人や組織に任せておけば安心ということはありません。ビジネスアナリストや、ビジネスプロセスマネジメントのための専門部門は設置しつつも、プロセスオーナーが集うEnd To Endのプロセスごとのコミュニティを組織内に形成し、チームワークでプロセスの構造管理を行う体制を作るべきです。業務の現場が変化の要求に応えることができるアジリティの高い組織とするために、ビジネス部門がサイロを越えてネットワークで連携できる文化を形成していく必要があります。

Column

アジャイルの原点となった日本のモノづくり

アジャイル開発手法は、今ではソフトウェア開発に限らず、新製品開発や生産といったさまざまな製造業（＝モノづくり）の現場で活用されています。例えばスウェーデンのサーブ社が開発したJAS39グリペンという戦闘機は、大規模アジャイル開発の手法を適用して開発されました。この時、活用されたのはスクラムオブスクラムズという手法で、アジャイル開発手法の一つであるスクラムを、大規模なソフトウェアや製品の開発に応用できるようにしたものです。

ただ、広く知られた事実として、アジャイル開発手法の源流には日本の製造業の実践知があります。このコラムでは、アジャイル開発と日本のモノづくりとのつながりについて紹介したいと思います。

スクラムの起源となった日本の製造業における新製品開発の実践知

アジャイル開発手法の中でも特に広く活用されているスクラムという手法は、現一橋大学名誉教授の野中郁次郎氏と竹内弘高氏が1986年に執筆した「The New New Product Development Game」という論文に着想を得たものです。この論文の中で両氏は富士ゼロックス、NEC、キヤノン、ホンダといった日本の製造業の事例から、当時の日本企業の新製品開発の強みとして「経営から製品開発チームへの大胆な権限委譲」「異なる専門性を持つ担当者が集まることによる創造性」「自律性と独立性の高いチーム運営」「開発工程の複線化」「個人と組織両面での高い学習能力」といった特徴を見出しています。これらの特徴がここまで説明してきたビジネスアジリティに通じるものであることはもはや説明はいらないでしょう。その意味で、ビジネスアジリティの起源の一部は日本にあります。

この中で「開発工程の複線化」は近年「コンカレントエンジニアリング」と呼ばれ、新製品開発で注目される考え方となっています。コンカレントエンジニアリング以前の製品開発工程は、いわゆるウォーターフォール型の進め方が主流でした。製品企画者がコンセプトを決め、そのコンセプトに従ってそれぞれの領域の技術者が新製品の設計を行っていきます。そしてこれらの製品開発チームの設計に従って、生産技術の担当者が量産化（いわゆるマスプロダクション）のための生産工程の設計を行ったり、調達担当者が部品調達の手配を行ったりと順繰りに工程を進めていきます。

ところがこのような進め方だと調達や生産工程設計の段階になって問題が生じることがあります。例えば設計が複雑すぎることで生産工程が高コストなものになってしまったり、部品の調達先が見つからなかったりといったケースです。そのまま進めてしまうと大幅なコスト増となり、前工程に戻って設計をやり直さなければなりません。そこで生産工程設計や調達など、新製品を市場に投入する上で連携が必要な担当者に、設計がまだ途中の段階から開発チームに加わってもらい、相談しながら新製品開発を進めます。これがコンカレントエンジニアリングです。

コンカレントエンジニアリングが機能するためには、異なる専門性を持った担当者がそれぞれの機能の利害を越えて、一つの目標に向かって連携する必要があります。ただ、このようなアジリティの原則はかつての日本企業が強みとしていた特徴でもあったのです。

世界から研究の対象となったトヨタ生産方式

生産工程におけるビジネスアジリティの姿に目を移してみても、そこではやはり日本でおなじみの考え方が活用されています。ビジネスアジリティのコミュニティでは、トヨタ生産方式（Toyota Production System＝TPS）に着想を得てマサチューセッツ工科大学のチームがノウハウを体系化した「リーン（リーン生産方式）」という考え方が頻繁に紹介されます。このリーンの考え方に、米国のモトローラ社がやはり日本の製造業の品質管理手法を参考にして体系化したシックスシグマという考え方を組み合わせた考え方が「リーンシックスシグマ」です。このリーンシックスシグマのコミュニティはビジネスアジリティコミュニティ形成母体の一つともなりました。またアジャイル開発手法の中には、トヨタのカンバン方式に着想を得た「カンバン」と呼ばれる手法もあります。

リーン（リーンシックスシグマ）やカンバンの元となったTPSの根源にある考え方は、「自分で考え、動く現場」を作ることです。TPSの祖と言われる元トヨタ自動車副社長の大野耐一氏は「考える人間を作る。それが俺の仕事だ」と述べています。[※8] 当時の生産現場の従業員のイメージとは、定められた工程をロボットのように黙々とこなすというものでした（実際、これらの仕事はその後ロボットに置き換えられていきます）。しかし、大野氏はこのような人の創造性を重視しない現場をあるべき姿だとは考えませんでした。

トヨタにおける「自分で考え、動く現場」の最初期の例が「アンドン」という仕組みです。この仕組みは生産ラインで何か不具合が起きた時に、ラインの横に張ってあるひもを押し下げるとラインの状況を示すアンドン（行灯）と呼ばれるランプが黄色に点灯します。このランプがつくとラインを管理しているベテランが飛んできて現場作業を手伝っ

※8…『トヨタ物語 強さとは「自分で考え、動く現場」を育てることだ』（野地秩嘉、日経BP）より

てくれます。もし不具合が解決しない場合は、一定のところまでラインが進むと自動的にラインは停止し、アンドンの色は赤に変わります。この場合は不具合の原因が分かり対策がとられるまでラインは再開されません。アンドン方式は作業者が自分の判断でラインを止めることができ、これは生産現場における権限委譲の走りとも言えます。

ただ、1980年代からはじまった北米での現地生産にこの方式を導入した際には、相当な苦労をしたそうです。当時の北米の工場作業者の常識では、生産ラインを止める権限は管理者(マネージャー)にしかなく、個々の作業者の判断でラインを止めることは許されていませんでした。そのため、トヨタの現地スタッフがどれだけ指導しても当初は誰もアンドンのひもを引こうとはしなかったのです。この時トヨタの現地スタッフは、何度も実際にラインを止めて改善する行為を実施してみせて、徐々に作業者の自律性を育てていったそうです。

この他にもリーンやアジャイルのコミュニティでは、第一章で紹介した「一個流し」の思想をはじめ、「5S(整理、整頓、清掃、清潔、躾)」「ムリ、ムダ、ムラ」「現地現物」といったさまざまな日本発の考え方に出合います。これらの言葉は海外でも日本語のままで通じることが多く、私は海外の講演で「ポカヨケ」という言葉を聞いて驚いたことがあります。

業界や業務領域を超えてノウハウの共有を

このようにビジネスアジリティ全般に登場するノウハウは、2000年以前の日本の製造業のモノづくりの現場に起源を持つものが少なくありません。[※9] その意味でエンジニアリングの現場で行われているアジリティ向上の実践知は、日本から見ると新しさのないものであったりもします。

しかし、これらのノウハウは日本発であるにもかかわらず、海外においてアジャイル開発手法やコンカレントエンジニアリングという概念に体系化され、逆輸入される形で日本でも注目されています。どうやら日本は現場での実践から素晴らしいノウハウを生み出しても、これらをしっかり形式知に落とし込み、体系化することは苦手のようです。また個々の企業のノウハウを、より広い範囲に展開・共有して業界や国全体の競争力を底上げすることも得意ではなさそうです。結果的に日本で使われる経営のフレームワークは、大半が海外から輸入されて話題となったものです。

おそらく今も日本企業のさまざまなところで、興味深い取り組みがなされていると

※9…このコラムで紹介している日本の製品開発や生産現場でのビジネスアジリティに通じる実践知については次のような書籍が参考になります。
『ザ・トヨタウェイ』（ジェフリー・K・ライカー、日経BP）
『凄い製品開発　テスラがトヨタに勝てない理由』（ジム・M・モーガン　ジェフリー・K・ライカー、日経BP）

思います。その中には、アジャイル開発やリーンの起源となったような、ビジネスを革新するアイデアも眠っているかもしれません。そのようなナレッジを積極的に活かす方法を考えていきたいものです。

第四章

デジタルソリューションの活用

～外部任せの技術活用から、自社に必要十分な技術活用へ～

この章では主に企業変革に用いるソリューションの視点からビジネスアジリティを考えます。ソリューションという言葉は本来とても広い範囲を指しますが[※1]、デジタル技術の重要度が増す昨今の経営環境を踏まえて、ここでは特にデジタルソリューションを中心に語ります。デジタルトランスフォーメーション（DX）という言葉が頻繁に聞かれる昨今ですが、アジリティの観点からはデジタル技術とどのように付き合っていけばよいのでしょうか。

ビジネスの理解こそがデジタル技術活用の最大の鍵

普段、アジリティという言葉を最もよく聞くのはデジタルソリューション業界です。環境変化に迅速に対応できる基盤としてクラウドアプリケーションや最新のデジタル技術の活用を勧める論説をよく見ます。それにしても「最新のテクノロジーを活用すればアジリティが高まる」という主張は本当なのでしょうか。

企業によって異なるソリューションの最適解

図4－1は二つの会社のデジタル基盤の構造を示しています。このようなデジタル

基盤の構造をITアーキテクチャと呼びます。上段の製造業A社はパッケージソフトウェアや、クラウドサービスといった既製品を最大活用している一方で、下段の流通業B社は基幹部分をほぼ自社開発（スクラッチ開発）しており、外部のソリューションを活用しているのは経理などの一部の領域にとどまります。皆さんはどちらの会社がよりアジリティの高いITアーキテクチャを採用していると考えるでしょうか。

結論から言えば、両社はどちらも高いアジリティを実現しています。まず上段の製造業A社はITアーキテクチャを可能な限り市販のパッケージソフトウェアやクラウドソリューションで実装し、しかもカスタマイズやアドオンを極力避けています。これはビジネスプロセスをなるべくシンプルに保つことを追求した結果、たどりついた構成です。

以前、この会社では各事業部門の要望を細かく聞いて、投入する製品ごとに最適なプロセスと、それを支える情報システムを構築していたそうです。しかし、そのような個別最適化されたプロセスは、新しい製品を投入する際に上手く適合せず、また別

※1…「ソリューション」は広義では問題解決のためのすべての手段を指し、デジタルソリューションだけでなく、ビジネスプロセスアウトソーシング（BPO）のような人的ソリューションや設備の更新、組織改正やルール変更といった問題解決策すべてがソリューションとなります。

4-1　二つの会社のITアーキテクチャ

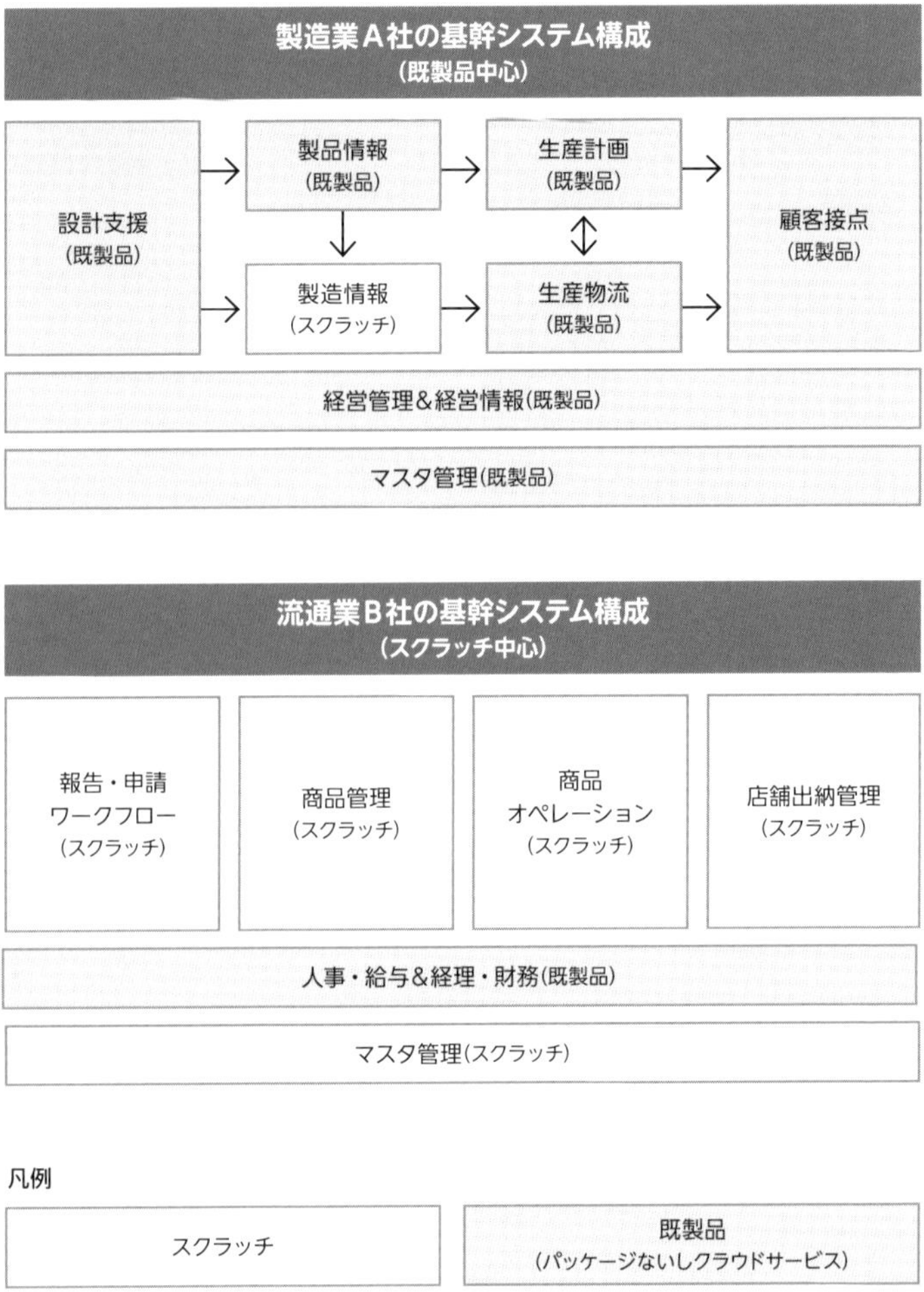
製造業A社の基幹システム構成
(既製品中心)
設計支援
(既製品)
製品情報
(既製品)
生産計画
(既製品)
製造情報
(スクラッチ)
生産物流
(既製品)
顧客接点
(既製品)
経営管理&経営情報(既製品)
マスタ管理(既製品)
流通業B社の基幹システム構成
(スクラッチ中心)
報告・申請
ワークフロー
(スクラッチ)
商品管理
(スクラッチ)
商品
オペレーション
(スクラッチ)
店舗出納管理
(スクラッチ)
人事・給与&経理・財務(既製品)
マスタ管理(スクラッチ)
凡例
スクラッチ
既製品
(パッケージないしクラウドサービス)

のプロセスを構築しなければいけなくなります。そのようなことを繰り返していると、ＩＴアーキテクチャ全体はどんどん複雑化し、それが既存のシステムの保守や新たなプロセスの実装をさらに難しいものにするという悪循環に陥ります。このためA社では、新製品の市場投入が遅れるというケースが目立つようになってしまいました。

今の製造業の市場環境では、新製品投入の遅れは致命的です。このため経営から「プロセスの標準化を徹底し、製品投入の迅速性を高める」という方針が下りました。この方針に沿って構築したのがA社のＩＴアーキテクチャです。プロセスを事業部門の要望で一から構築することをやめ、製品特性ごとに用意した標準プロセスを最大活用する運用に切り替えました。仮に改修が必要な際もＩＴ部門の主導の下、最小限の改修にとどめます。これによりプロセスを新たに作り込むことなく、迅速な製品投入が可能となりました。

このような思想でＩＴアーキテクチャを構成するのであれば、業界標準のプロセスがはじめから用意されている、パッケージソフトやクラウドソリューションの活用は自然な選択です。もちろん、ビジネスプロセスの自由度は一定の制約を受けますが、前述のように自由度の高いプロセスの代償として製品投入が遅れて、チャンスを逃しては意味がありません。A社のＩＴアーキテクチャの裏側にはこのように明確な意図があったのです。
一方で図4－1の下段で示した流通業B社のITアーキテクチャは、ほぼスクラッチ開発で構築されています。この会社ではもともとパッケージソフトウェアを活用したITアーキテクチャを運用していましたが、ベンダー依存のアーキテクチャ運営で保守費やバージョンアップの費用がかさんだ上、複数のパッケージソフトウェアで機能が重複するといった無駄も目立っていました。このため、すべての機能を自社で設計する、独自のITアーキテクチャを構築する方針に切り替えたのです。
構築時にはオフショア開発など外部の力も積極的に活用する一方で、システムの要件定義やプロジェクトマネジメントはベンダーに依存せず、自社の人材を中心に進めるよう体制を見直しました。事業上必要な機能をしっかり吟味した結果、新たな基幹システムは旧システムと比べて運用費で6割、開発費で8割ものコスト削減を達成し、ビジネス部門の要望を迅速に叶えることができる余地も大きく向上したそうです。[※2]
なお、2000年代のIT動向としては、スクラッチ開発はすべてを一から開発しないといけないため負荷が高く、敬遠される流れにありました。しかし2010年以降、「ローコード開発ツール[※3]」と言われるような開発支援ツールや開発環境の進化により、以前よりも効率的に自由度の高いシステムを開発することが可能になっています。

活用の鍵はビジネスへの理解とオーナーシップ

図4－1の両社は異なるITアーキテクチャの方針を選択しましたが、これはそれぞれの会社が自社の事業戦略や、業界の特性を考慮した結果です。例えば製品に強みを見出しビジネスプロセス自体はシンプルで構わないと考えた製造業A社に対して、流通業B社は業界名の通り流通や販売のプロセスこそが業態としての核であり、妥協できない部分もあるでしょう。またこの事例における製造業はさまざまな製品事業を展開している多事業体だったのに対して、流通業は単一事業会社に近く、事業間でのプロセスの標準化を考慮する必要性はさほどありません。

最終的には自社の強みをどこに見出すかはその会社次第です。今回の事例でも、あくまでこの二社はそのように考えたというだけで、たとえ同じ業界のライバル企業でも同じ方針が適切とは限りません。ソリューションを選ぶ観点は、それぞれの組織の状況で異なるのです。例えば事業がまだ立ち上げ段階で、素早い基盤の導入が必要な一方で事業の先行き次第で撤退の可能性もあり得る場合には、〝導入しやすく、捨

※2…流通業B社の事例は日経コンピュータ2017年2月16日号掲載のライトオン株式会社の事例です。
※3…ローコード開発ツールとは、従来のソフトウェア開発で必要であったコーディング作業の一部、ないしすべてを自動化するツール（開発プラットフォーム）です。画面上でのドラック＆ドロップといった簡単な操作で、ソフトウェアの機能をより効率的に開発することができます。

てやすい〟クラウドアプリケーションは合理的な選択肢となります。一方で、事業がある程度安定し、拡大のフェーズに入ってくると、プロセスの大きな軌道修正よりも、お客様の細かい要望に応えるための小改善を迅速に積み上げることが大切になっていきます。このような場合は、より自由度が高いスクラッチ開発やローコード開発を考慮してもよいかもしれません。

まったく異なるアーキテクチャの方針を採用した両社ですが、事業戦略や業務をしっかり理解した上で自社の強みを最大化するIT基盤を考え抜き、その構築を自社で主導しているという点は共通しています。もちろんどちらの例でもソリューションベンダーやソフトウェア開発会社といった外部の力を利用していますから完全な内製開発というわけではありません。しかし、事業や業務の理解、ソリューションに対する仕様（要求）の明確化、そしてプロジェクトマネジメントといった中核となる作業は自社主体で行っています。

製造業A社のIT部門の担当者は「パッケージソフトウェアのブラックボックスの部分は立ち入れないとしても、その周辺の理解可能な部分は徹底的に自社メンバーで理解し、運用・保守も自社内ですべて行っている」と仰っていました。結局のところ、理解していないものを迅速に変化させることなどできないわけですから、本来これは当然のことなのでしょう。

ＩＴベンダーは仕事を任せるだけでなく、知見を学ぶ先へ

しかし、これが日本のＩＴ部門の姿として当然ではないことは、ＩＴの世界に身を置いている方なら誰しもご存じかと思います。日本では90年代からＩＴの導入をベンダーに頼りすぎた結果、自社のＩＴ基盤を自社で管理できなくなる〝ベンダーロックイン〟という症状が起きてしまった企業が多くあります。ビジネスのデジタル技術への依存度が加速度的に上がる中、これではアジリティどころではありません。

このような中でも高いアジリティを志向する企業では、ＩＴベンダーとの関係性に変化が見られます。過去の日本企業のＩＴベンダーへの期待は「ＩＴ機能の一部、または全部を任せる」というものでした。しかし、今では先進的な企業を中心に「自社に必要な外部の技術やノウハウを取り込むための連携先」という考え方にシフトしています。

私は以前に複数の大手自動車会社のＩＴ部門幹部の方にインタビューさせて頂いたことがあります。この際、インタビューしたすべての会社が「今はデジタルソリューションの企画・開発をベンダーに任せるのではなく、技術力のあるベンダーからその

ノウハウを吸収するという考え方に移行している」と仰っていました。このために、お金を払ってでも必要な文書を残してもらったり、所属の異なるさまざまな専門性を持ったメンバーが円滑にコミュニケーションをとれるようワークスペースに投資したりしているそうです。

また、現在の技術は北米や日本国内に限らず、アジアや東欧といった、これまであまり認知のなかった地域から登場することがあります。技術を生み出す組織も、大手ベンダーとは限らず、スタートアップ企業であったり、大学の研究室であったりとさまざまです。

これまでの日本企業のＩＴ部門は、外部の情報を付き合いの深い大手のＩＴベンダーから入手することが多かったのですが、昨今では技術動向をベンダー経由で又聞きしていても、情報が不正確であったり、余計な時間がかかってしまったりすることがあります。このため興味のある技術があれば、相手企業の地理や規模、歴史にはこだわらず直接接触して情報を得るという考え方にシフトしています。これからは馴染みのベンダーに話を聞くということだけではなく、自社の外に積極的に出て（時には海外に出て）、技術の発信源に直接アクセスするという能動的な姿勢が大切になります。

最新のテクノロジーを使えばアジリティが向上するとは限らない

ここまでの説明で分かるように、アジリティの観点から見たデジタルソリューションの活用は、その技術が最新だとか、高度なものであるかどうかはあまり重要な事項ではありません。そもそも最新テクノロジーの話題自体がビジネスアジリティのコミュニティでは、さほど優先順位の高い話題ではないのです。

例えばビジネスアジリティのコミュニティであるBusiness Agility Instituteが提唱しているビジネスアジリティの成熟度モデル「Domains of Business Agility（詳細は本章のコラム参照）」でも、テクノロジーは主要な観点としては登場していません。私が過去に参加したビジネスアジリティに関するカンファレンスでも、人や組織の在り方が主要な議論テーマで、テクノロジーそのものはほとんど取り上げられていませんでした。

ビジネスアジリティが最新技術の活用を軽視しているわけではないのですが、そこには組織のあるべき姿をしっかり考えて、それに適したソリューションを活用できれば、それがどのような技術であろうと構わないという考え方があります。大切になるのは、ソリューションを活用する担当者が技術動向に普段からしっかりアンテナを立てているのか、そして自社の方針をしっかり定めた上で、目的に沿ったソリューションを活用しているのかといった、担当者の意識と視野の広さです。世の中が「DX」

のキーワードを掲げて、デジタル活用に必要以上に前のめりになっているように見える最近でも、アジリティを議論するコミュニティではこれに対して冷静な立ち位置をとっています。

「最新のテクノロジーならアジリティは向上するのか」ということについて、ある製造業のＩＴ部門の担当者とおもしろい議論をしたことがあります。その担当者に言わせると「クラウドソリューションだからといって必ずしも〝導入しやすく、捨てやすい〟とは限らない」のだそうです。

その会社では社内のさまざまなワークフローの基盤として、あるクラウドソリューションを採用しました。しかし、導入を進めてみるといくつものトラブルにぶつかり思ったように進みません。それでも一つ一つトラブルを解決してソリューションの特性をしっかり理解していくと、徐々にソリューションを使いこなし、さまざまな業務の自動化に寄与するようになりました。このようなソリューションの理解にかかる時間とコスト（＝学習コスト）は決して安くはありません。ですからクラウドソリューションだからといって次々に新しいソリューションに乗り換えられるわけではなく、活用すると決めたソリューションは〝使いこなす〟という発想がないとむしろ無駄になるということでした。

確かに小規模導入時の初期費用が小さくてすんだり、セットアップが迅速だったりというクラウドソリューションの特徴は、ビジネスアジリティを高める効果がありま す。その一方で、クラウドソリューションやパッケージソフトウェアは、その機能が自社の業務に完全一致することは稀で、どうしてもソリューションに自社の仕組みを合わせる必要が生じます。その際に、ちょっと想定と違ったとか、思ったような効果がでなかったといってソリューションを乗り換えてばかりいてもなかなか前には進めず、結局時間だけが過ぎてしまいます。自社の何を強みとして、どの業務をどこまでソリューションに対して合わせるのかという意思がなければ、意図した効果を出すことはできないのです。この時の会話は、結局のところアジリティの根幹は人と組織に宿るものなのだということを再確認させる内容でした。

現実には新しいデジタルソリューションが登場すると、それらのソリューションの導入を急ぎ、導入が目的化したプロジェクトが乱立するのも事実です（ＡＩやＲＰＡのブームが良い例です）。このようなプロジェクトではソリューションの試験導入で期待した成果が出ず、本格導入前に活動が頓挫する〝ＰｏＣ（概念実証）倒れ〟と言われる症状に陥るケースが大半です。これも事業の姿をしっかり考えず、効果の創出を安易に流行りのソリューションに頼ってしまっていることの現れでしょう。結局のところ、クラウドかスクラッチかといった実現手段そのものにアジリティが宿るわけではなく、自社の置かれた状況をしっかり考えた上でソリューションに明確な方針をもって臨むことが技術活用におけるアジリティの第一歩なのです。

ビルディングブロック理解の大切さは変わらない

第三章で説明したビルディングブロックの考え方はここでも大切になります。ビジネス部門側から見たブロックの要素を説明した第三章に対して、この章でのビルディングブロックはアプリケーションやデータ、ネットワークといったエンジニアリング側から見た電子的、ないし物理的な要素を指します。これらをしっかり管理し、自社の事業に沿ったブロックの構成の在り様を考え抜き、絶え間ない交換作業を続けていかなくてはなりません。

このビルディングブロックの管理を怠ると、IT導入をベンダーに任せず内製化することができている企業でも壁にぶつかります。ビジネス部門の要望をかたっぱしから実現した結果、システム構成が理解できないほどに複雑化（カオス化）してしまい、自社で作ったはずのＩＴアーキテクチャが理解できなくなってしまっている会社は少なくありません。このような会社では〝ベンダーロックイン〟ではなく、システムの詳細が各開発担当者に属人化してしまう〝メンバーロックイン〟とも言える現象が起きます。その意味でＩＴアーキテクチャのカオス化は決してベンダー依存からのみ起きるわけではありません。

このようなことを防ぐために、自社のビジネスとデジタル技術の関係性を管理し、最適な構造を維持し続けるための方法論がエンタープライズアーキテクチャ（ＥＡ）です。ＥＡ自体は日本でも提唱されるようになってから30年以上の歴史があり、ご存じの方は多いかもしれません。ビルディングブロックの概念もＥＡから来たものです。

このビルディングブロックをなるべく細かい単位で管理し、機能やデータの重複を排除した無駄のないアーキテクチャを志向する思想を突き詰めていくと、これもかつて提唱されたＳＯＡ（Service Oriented Architecture）という考え方に行きつきます。近年よく聞く「マイクロサービス」という考え方も、このＳＯＡの一種です。※4 ＥＡにしてもＳＯＡにしても提唱された当時よりも、デジタルソリューションが浸透し、ビジネスアジリティが求められる今の方がその重要性を増しているように思えます。このようなアーキテクチャマネジメントの方法論についても今後は理解を深めていく必要があるでしょう。

ビジネスとエンジニアリングの距離を縮める

さて、ビジネスへの理解とオーナーシップを持ちつつ、自社のデジタル基盤を考え抜くことが大切だとして、第三章と同じように、ここでも誰がこれを行うのかが問題になります。デジタル基盤の在り様が事業の影響を強く受けるのであれば、これはIT部門だけではなく、ビジネス部門とIT部門、そして経営者の三者が密なコミュニケーションの下で構築すべきものです。しかし、残念ながらこのような形でデジタル基盤への方針が議論されていることはまだ多くはないようです。

エンジニアだけではデジタル活用は実現できない

先日、ある金融業のIT部門から残念な話を聞きました。IT部門としてはさまざまなビジネス部門からの要望に基づいてIT導入のプロジェクトを進めます。しかし、要件定義にもユーザー受け入れテスト（UAT）にも協力してくれないビジネス部門があるそうです。要望（要求と呼ぶには程遠い曖昧なものです）をIT部門に伝えたので、あとはＩＴ部門が責任をもって実現してくれればよいというのが、その部門の認識とのことでした。またプロジェクトの遅延やトラブルをすべてＩＴ部門の責任にされてしまうことも悩みだそうです。

　デジタル導入におけるビジネス部門のオーナーシップ不足は、私の日々の活動でも頻繁に目にする光景です。残念ながら、デジタル基盤の在り方を議論するはるか手前のところで、ビジネス部門側に自分たちもデジタル活用の一翼を担う存在であるという自覚が欠けていることが大半です。これではＩＴ部門がビジネス部門とコミュニケーションの場を持ったところで上手く話が噛み合いません。

　デジタル活用では技術そのものへの理解以上に、自社の事業や業務といったビジネスへの理解が大切になることは既にお話しした通りです。長い間、デジタル導入プロジェクトの失敗要因の上位はデジタルソリューションの技術的な問題以上に、「ビジネスの方針が不明確」「ビジネス側からの情報が不足」「要求や仕様が不完全」「要求や

※4…ＳＯＡ（Service Oriented Architecture）とは、業務上のある処理に必要なソフトウェア機能を一つの〝サービス〟として提供する考え方です。社内の各業務処理に対になるソフトウェアサービスを用意し、これらのサービスを連携させることでＩＴアーキテクチャを構成します。この結果、仮にプロセス上の複数の箇所に登場する業務処理を変更する場合でも、対応する一つのサービスを置き換えることで、素早くＩＴアーキテクチャを最適化することができます。マイクロサービスとは、このＳＯＡの構造の中で提供される最小単位のサービスを指します。

仕様が変化」といったビジネス側の要求に起因すると指摘され続けてきました。しかも近年、プロジェクトマネジメントやエンジニアリングの手法が進化する中で、このような要求（要件）に起因する失敗は、比率としてはむしろ目立つ傾向にあります（図4－2）。

　結局のところデジタル活用の鍵はビジネスそのものへの理解にあり、IT部門だけが頑張ったところで限界があります。しかし、デジタル技術の導入においてはビジネス部門の役割が鍵だと認識できている会社がどれだけあるでしょうか。少し古い情報ではありますが、2013年にJUAS（日本情報システム・ユーザー協会）が行った調査ではソフトウェア開発

4-2　開発失敗の主要要因の推移

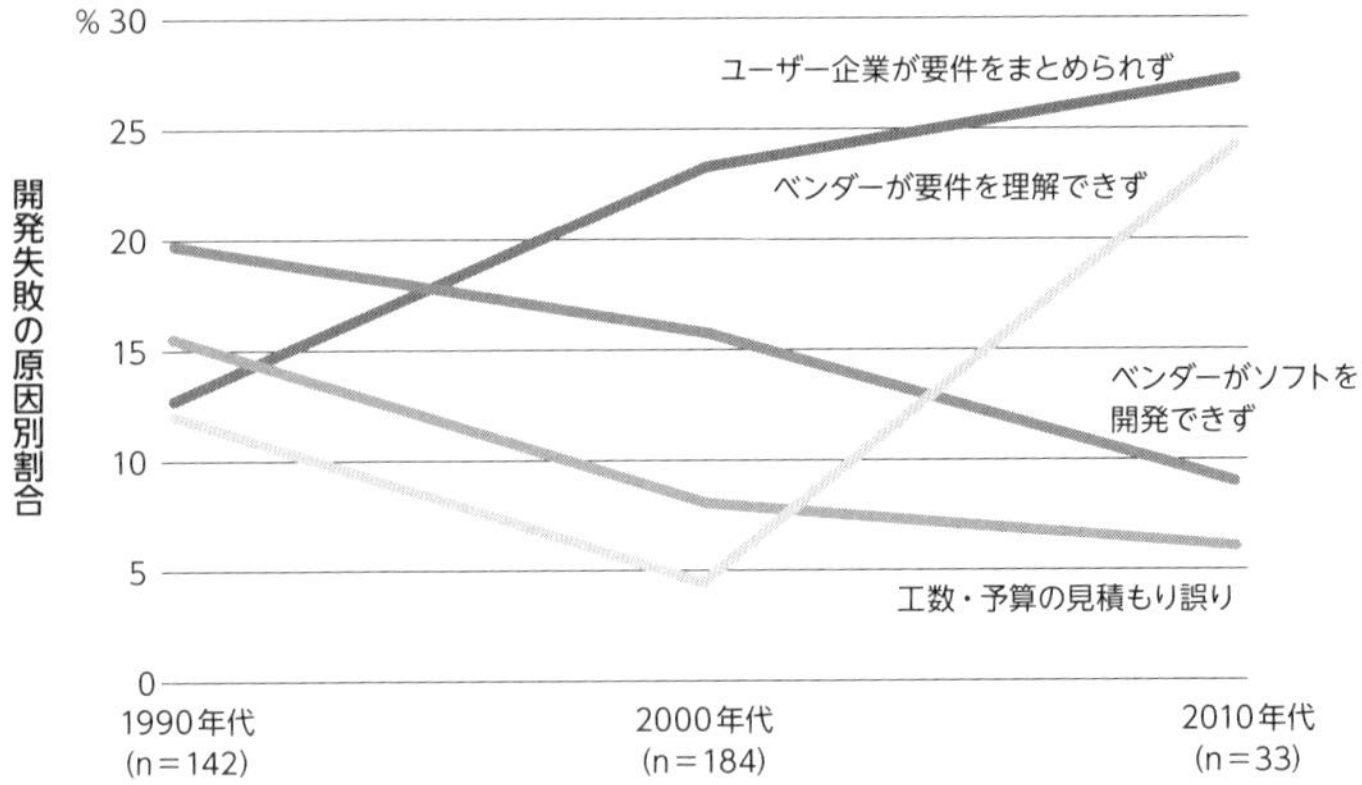

出典：日経コンピュータ2017年8月3日号

の上流工程にビジネス部門が積極的に参加すると答えた企業はわずか1割でした。※5 ビジネス部門がこの工程に主体的に参加するほど、開発の成功率が高くなることは調査でも裏付けられていますが、それでもビジネス部門の姿勢はなかなか変わっているように見えません。ほとんどの企業では未だ「デジタル活用はＩＴ部門の仕事」という認識から抜けられていないのが実情です。

そもそも、大半のビジネス部門には（そして経営者にも）、デジタル導入においてビジネス部門が鍵となる存在であるという基本的な認識がありません。そのような認識を持とうにも、そのための意識付けや教育訓練の場がないのです。多くの会社のＩＴ関連の教育はＩＴ部門や周辺の関係者の範囲にとどまり、基礎スキルとして広く社員のＩＴリテラシを向上させる活動まで踏み出せている会社は多くはありません。知る機会がなければ「デジタル技術のことはＩＴ部門に任せる」という思考になってしまうのは仕方がないことのように思えます。第三章でも触れたように、企業は従業員を未

※5…２０１３年にＪＵＡＳが行った調査（企業ＩＴ動向調査２０１４）では、要件定義に主体的に参加するビジネス部門の割合は12・5％である一方で、主体性のないビジネス部門は63・2％であり、圧倒的にビジネス部門の主体性が低いことが分かります。しかしビジネス部門に主体性のない会社でのシステム開発（１００～５００人月）の工期遅延割合は40％を超える一方で、ビジネス部門に主体性のある会社での割合は15％程ですから、ビジネス部門の参画割合がプロジェクトの成功に相関があることも分かります。

だ業務を実行するだけの役割として認識しており、事業構造の管理と変革が主ミッションとなっていく流れに対応しきれていないのです。

企業はビジネス部門のデジタルリテラシの底上げを

多くの日本企業はかつて、ビジネスプロセスのＩＴ化をその企画から開発、そして運用までＩＴベンダーに任せる体制をとってきたという経緯があります。そのため、ＩＴ部門はビジネス部門以上に、まず自らの開発能力やプロジェクトマネジメント能力を高めることで精いっぱいというのが実情かもしれません。しかし、これからのＩＴ部門は自部門のことだけを考えていては限界があります。ある自動車会社のＣＩＯは「デジタルがありとあらゆる業務に浸透した今、社内の情報基盤のすべてをＩＴ部門で構築するなどナンセンス」と前置きをした上で、次のようなことを仰っていました。

「これからのＩＴ部門は（ネットワークや情報セキュリティなどの）デジタルインフラや、基幹系などの大規模な取り組みの主管は担うが、各事業や業務の中小規模のデジタル化についてはむしろビジネス部門が主体的に推進できるように全社員のデジタルリテラシを底上げしたり、活動が頓挫しないように支援したりする役割にシフトしていくべきだ」

デジタルが急速に浸透する現在の企業環境の中では、この意見には大変説得力があります。

私は先日、ある保険会社でユーザー部門の担当者がシステム要件定義の基本を学ぶ研修の講師を行いました。研修の目的はもちろんシステム開発の流れやシステム要件定義の手法を学ぶことですが、現実には数日の研修の受講ですぐにユーザーが独力で要件定義をできるようになるわけではありません。

しかしこのような研修を受けてもらうことで、システム開発においてユーザーは決して〝お客様〟ではなく、自らもチームの一員であり、かつプロジェクト成功のための重要な役割であることを認識してもらうことはできます。実際のプロジェクトではIT部門や外部の専門家（コンサルタントやベンダー）が支援をしながら企画や要件定義の作業を進めていきますが、ビジネス部門のメンバーに一定の基礎知識とチームの一員としての覚悟を持ってもらった上で参画してもらうだけで、プロジェクトははるかに進めやすくなるのです。

このような場で経験を積んだビジネス部門のメンバーは、各部門におけるIT推進担当として全社のITリテラシ底上げの一翼を担ってもらうこともできます。ビジネス部門の協力姿勢に悩みを抱えるＩＴ部門は、まず「知ってもらう」という取り組みからはじめてはいかがでしょうか。

大切なのは広い知識を持った〝Ｔ型人材〟の育成

デジタルの基礎知識を従業員全体に浸透させていくことで、最終的に育成したい人材像が〝Ｔ型人材〟です。Ｔ型人材とは自らの核となる深い専門性と、他の専門性を持った人材と連携するための〝広く浅い〟さまざまな知識を併せ持った人材のことです。

ビジネス部門のメンバーの場合、Ｔの〝縦棒〟にあたる深い専門性は自らの担当業務となります。その一方で、Ｔの〝横棒〟にあたる広く浅い専門性としては、担当外の業務やガバナンス（内部統制や輸出管理など）に関する知識、活用するデジタルソリューションの基礎知識や導入プロジェクトの進め方といったものが挙げられます。

これがエンジニアの場合は、担当するデジタルソリューションに関する深い知識と技術力が〝縦棒〟にあたる深い専門性になり、〝横棒〟はビジネス部門のメンバーが担当しているさまざまな業務やガバナンスに関する知識となるでしょう。プロジェクトマネージャーを担うエンジニア（ないしビジネス部門の担当者）であれば、〝縦棒〟にはプロジェクトマネジメントスキルも必要となりますし、第三章で紹介したビジネスアナリストはプロセス変革におけるコミュニケーションの仲介を深い専門性として、これらのメンバーを支援します。この他にも参画するメンバーの役割によってさまざまな〝縦棒〟と〝横棒〟の関係が存在します。

アジャイル開発のコミュニティでは、このT型人材で構成された「クロスファンクショナルチーム」という考え方が提唱されています。クロスファンクショナルチームとは、同じ目標の下にさまざまな専門性を持ったプロフェッショナルが集まったチームのことです。〝クロスファンクション〟が成り立つ前提となるのが、参画メンバーが高い専門性を持ちつつも、他者の持つ専門性への一定の知識と敬意を合わせ持ったT型人材で構成されていることです。

現在のデジタル導入では、一言でビジネス部門と言ってもさまざまな部門から異なる専門人材が集まります。また、テクノロジー側もソリューションを開発するエンジニアだけでなく、情報セキュリティの専門家や、UI（ユーザーインターフェース）の専門家など、さまざまな専門家で構成されます。それぞれの専門家が、自分の立場だけで好きなことを言ってもプロジェクトは前に進みません。他のメンバーの専門性を理解し、全体のバランスを考慮しながら、取り組みの目標達成に向けて自分の専門性の立場から貢献していく必要があります。

企業は人材育成の在り方を見直そう

ただ、現実には一人の人間が〝横棒〟を無限に学び続け、その知識を拡張し続けることには限界があります。〝横棒〟の中にも誰にでも必須な知識と、個人の志向や関心に応じて選択的に得る知識が混在します。後者の部分については、各個人がそれぞれの関心に応じてさまざまな知識を得ることで、足りない知識をチームで補い合うことができます。ですから、企業が研修としてしっかり教えるべきスキルもあれば、むしろ個々人が自主学習することで取得するスキルもあるでしょう。

企業は単純に研修体系を整えるといったことだけでなく、個人がその関心事を満たすためのさまざまな支援、例えば活動費用の補助や自主学習時間の業務認定といった施策が求められます。このような学習支援としてはグーグルの20％ルールなどは特に有名ですが、近年ではパナソニックの例[※6]など、日本の大手企業も取り入れる動きがあります。もはや学習活動は「普段の業務を滞りなく進めた上で、余った時間で行う」という類のものではありません。普段から優先順位の高い作業の一つとして認めていくべきです。

第三章で「人の役割が実行から変革にシフトする中で、そのような環境変化に人材育成が追い付いていない」という話をしましたが、デジタルリテラシも企業の人材育成が追い付いていない領域の一つです。

今、義務教育からプログラミングを必修にする動きもあります。学校教育でプログラミングを扱うことの是非はともかくとしても、基本的なデジタル技術の動作原理と導入プロジェクトの進め方を知ることは、社会人であれば必須スキルになりつつあります。一般的に企業の人材育成は業務遂行上の中核のスキル、つまりT型人材における〝縦棒〟の部分を如何に伸ばすかということに注力されます。

しかし専門性が細分化し、相互連携が取り組み成功の鍵となる今日では、〝縦棒〟以上に他者の専門性を学び、自らの専門性と橋をかける〝横棒〟の価値を軽視するわけにいきません。今後の経営では、このような〝横棒〟を伸ばすための育成の在り方を考えていく必要があります。デジタルリテラシは全社員に求められる〝横棒〟のスキルの最たるものなのです。

結局のところ、デジタル技術の活用といっても、鍵は人材の育成とコミュニケー

※6…パナソニックのR&D部門では「Nice Try！活動」として、業務時間の10％を自由な研究活動として使って良いという制度を導入しています。（https://news.panasonic.com/jp/stories/2015/44373.html）

ションの在り方にあります。そのような相互理解の基盤の上で、はじめて最新のデジタル技術の活用も意味を持つのです。もし、その企業でデジタル活用がＩＴ部門のみの問題となっている場合、それは従業員全体がデジタル技術の浸透した現在の企業経営を理解できていないということです。今の経営環境はデジタル技術を抜きに語れません。ＩＴ部門やエンジニアだけではなく、すべての社員がデジタルを自分事として捉えられる経営を目指していく必要があります。

Column

ビジネスアジリティのフレームワークたち

世界には既にビジネスアジリティを扱ったフレームワークが登場しており、これらはビジネスアジリティの主流の考え方を速やかに理解する上で、大変役に立ちます。このコラムでは、世界のビジネスアジリティに関するフレームワークや資格の状況について解説します。

世界観を図示した〝Domains of Business Agility〟

ビジネスアジリティのフレームワークの中で、近年のビジネスアジリティコミュニティの世界観（第一章で説明した狭義のビジネスアジリティの世界観）を最も色濃く反映したものが、Business Agility Institute（ＢＡＩ）が提唱している「Domains of Business Agility」です。図４－３がその全体像となります。

中心には「Customer（顧客）」がいます。これはＢＡＩがビジネスアジリティを「顧客の価値最大化のために変化に適応し、変化を創出し、かつ活用する組織の能力と意欲」と定義しているためです。周辺に、価値提供の主要関係者である「Board（経営陣）」「Workforce（従業員）」「Partners（協力会社）」を配置し、さらにその周囲に「Leadership（リーダーシップ）」「Individuals（個人）」「Operations（オペレーション）」という組織能力の領域を配置しています。そして、この三つの組織能力はさらに細かい要素に分けられています。

各組織能力は五つの発達段階に分類される、いわゆる成熟度モデルの形をとっています。例えば「Individuals」の領域を分解した先にある「Collective Ownership」という能力は、表4－4のような発達段階に分類されています（Collective Ownershipは図4－3中のカテゴリでは「Ownership & Accountability」の中に存在します）。なおCollective Ownershipとは、個人が集団の全体最適を考えて自発的に行動しようとする当事者意識を指す言葉です。

私は自社（LTS）のビジネスアジリティをこのフレームワークに従って診断してみたのですが、ほとんどの項目は「クロールしている」か「歩いている」という結果でした。LTSのアジリティ獲得もまだこれからということでしょう。

全体的にこのフレームワークは、自律した個人が連携することでビジネスアジリティが達成されるという概念が強く打ち出されており、分かり難い複雑系組織のイメージを持つ上でも参考になります。

4-3 Domains of Business Agilityの全体像

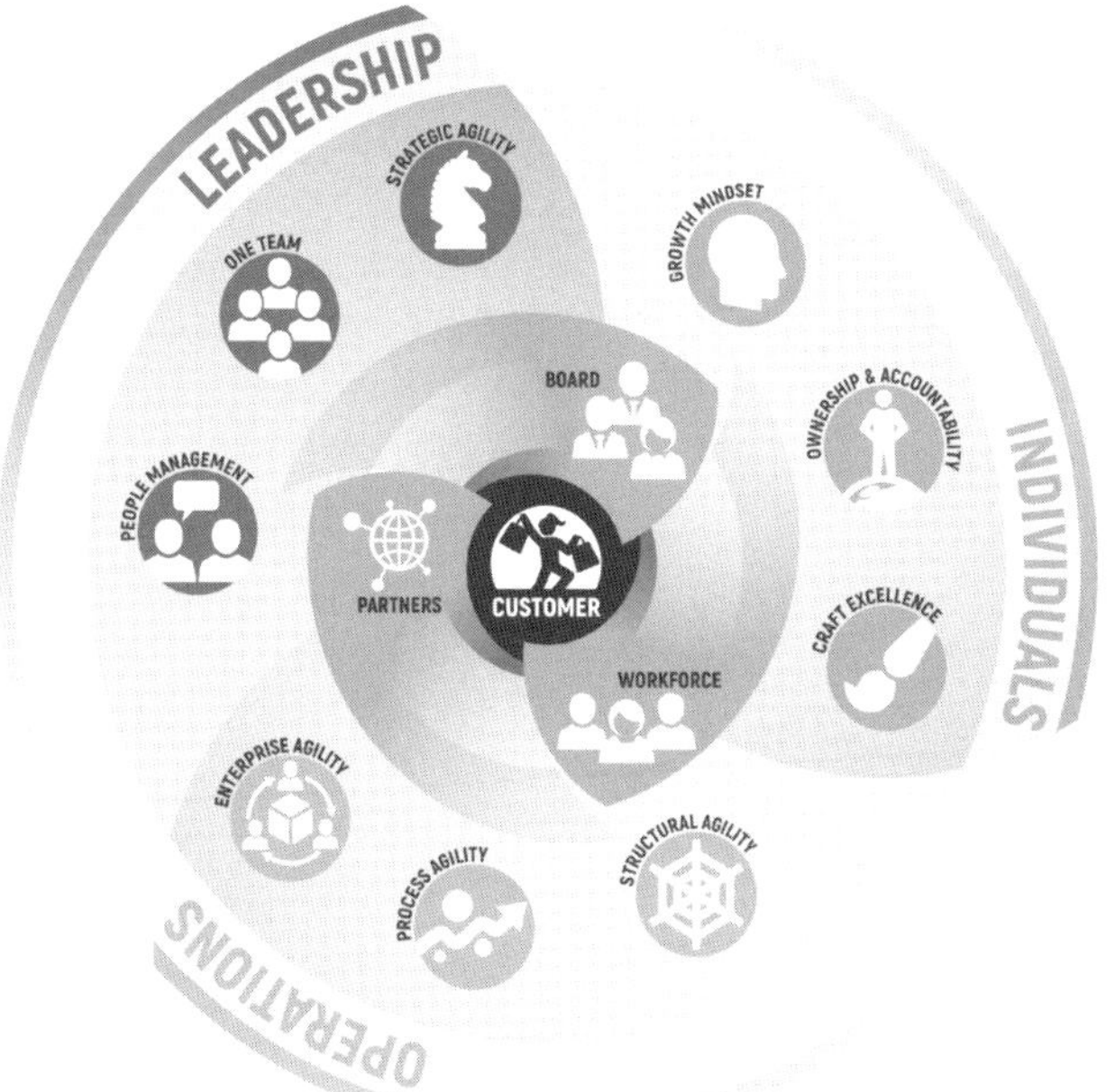

出典：https://businessagility.institute/learn/domains-of-business-agility/

4-4　Collective Ownershipの発達段階

段階	説明
クロール以前(※) (Pre-Crawl)	個人は定められたプロセスに従うだけで、自分の仕事に責任感を持っていない。予期しない障害は「他人の問題」であり、深刻な遅延を引き起こす。
クロールしている (Crawl)	個人は自らが行う作業に責任感を持ち、予期しない障害を克服するために他の人と協力する。彼らはそれが自身の作業品質の改善を期待できるのであれば、進んで決断することにチャレンジする。
歩いている (Walk)	個人はビジネスの成果に対して責任感を持っている。彼らはそれがお客様との関係をより良くすることに貢献するのであれば、進んで方針を定め、決断することにチャレンジする。
走っている (Run)	チームは成果を得るためなら、組織の他のメンバーと協力してどのようなことでも行う覚悟がある。チームはそれを行う権限、自律性、および代理権を保持している。
飛翔している (Fly)	チームはビジネスの成果と意思決定に対して自身の責任を全うする。これは組織戦略を形作り、その実現に貢献する。

※ ここでの「クロール」とは、日本語で「這う」「ハイハイする」といった意味

大規模アジャイル開発方法論SAFeにおけるビジネスアジリティ

さらに別のフレームワークを一つ紹介します。SCALED AGILE, INC社が提唱する大規模アジャイル開発方法論「SAFe（Scaled Agile Framework）」の中には、ビジネスアジリティの構成要素を示すフレームワークが内包されています。

大規模アジャイル開発方法論とは、その名の通り大規模なソフトウェア開発に適用可能なアジャイル開発手法です。アジャイル開発手法は通常、10人前後の少人数のチームで運営されますが、この規模のチームでは大規模なシステム開発を行うことができません。そのためアジャイル開発の考え方を活用しつつも、より大規模な開発に対応できる手法が研究されるようになりました。この大規模アジャイル開発方法論として世界に普及している方法論が大きく二つあり、一つは第三章コラムで登場した「スクラムオブスクラムズ」、そしてもう一つがこの「SAFe」です。

SAFeは最新（2020年7月現在）のバージョン5・0から、その根幹となるコンセプトを〝ビジネスアジリティ〟と定めました。ここでいうビジネスアジリティはSAFeという方法論を構成する概念の一部としてSCALED AGILE, INC社が独自に定義したものですが、その定義自体は他のコミュニティの定義とおおよそ似たものです。SAFeにおけるビジネスアジリティは、「Enterprise Solution Delivery

（エンタープライズ・ソリューションの提供）」「Agile Product Delivery（アジャイルな製品の提供）」「Team and Technical Agility（チームおよび技術面でのアジリティ）」「Lean Portfolio Management（リーン・ポートフォリオ・マネジメント）」「Organizational Agility（組織のアジリティ）」「Continuous Learning Culture（継続的な学習の文化）」「Lean-Agile Leadership（リーン・アジャイル・リーダーシップ）」という７つの構成要素から成り立っています。

　大規模アジャイル開発方法論を支える考え方として構成されているため、ＳＡＦｅで活用されるさまざまなプロセスや考え方をしっかり導入できているかという観点が色濃く出ています。その意味で人の意識や能力に強い焦点を当てているDomains of Business Agilityよりも開発プロセス志向のフレームワークとなっています。

〝ビジネスナレッジ〟に焦点を当てるビジネスアジリティマニフェスト

　Domains of Business AgilityとＳＡＦｅはどちらもアジャイル開発コミュニティ発のビジネスアジリティフレームワークです。これらと一線を画すのがロジャー・バールトン、ロナルド・ロス、ジョン・ザックマンの三氏が連名で発表した〝ビジネスアジリティマニフェスト〟です。この三氏はビジネスアナリシスコミュニティの中心メンバーで、特にジョン・ザックマン氏は〝エンタープライズアーキテクチャの父〟として有名です。

ビジネスアジリティマニフェストは、アジリティを構成する要素やその発達段階を示すものではなく、「ビジネスアジリティとは何か」という精神を示したものです。

この中で三氏が強調しているのは、事業構造内に存在するナレッジ（ビジネス知識）をしっかり管理し、再利用や新たなナレッジの創出を可能にすることの大切さです。これは企業の競争力の源泉はナレッジだとする、経営学でナレッジベーストビュー（KBV）と言われる考え方に属するものです。第三章で紹介したビルディングブロックという考え方は、このナレッジ管理の概念

4-5　SAFe5.0におけるビジネスアジリティ

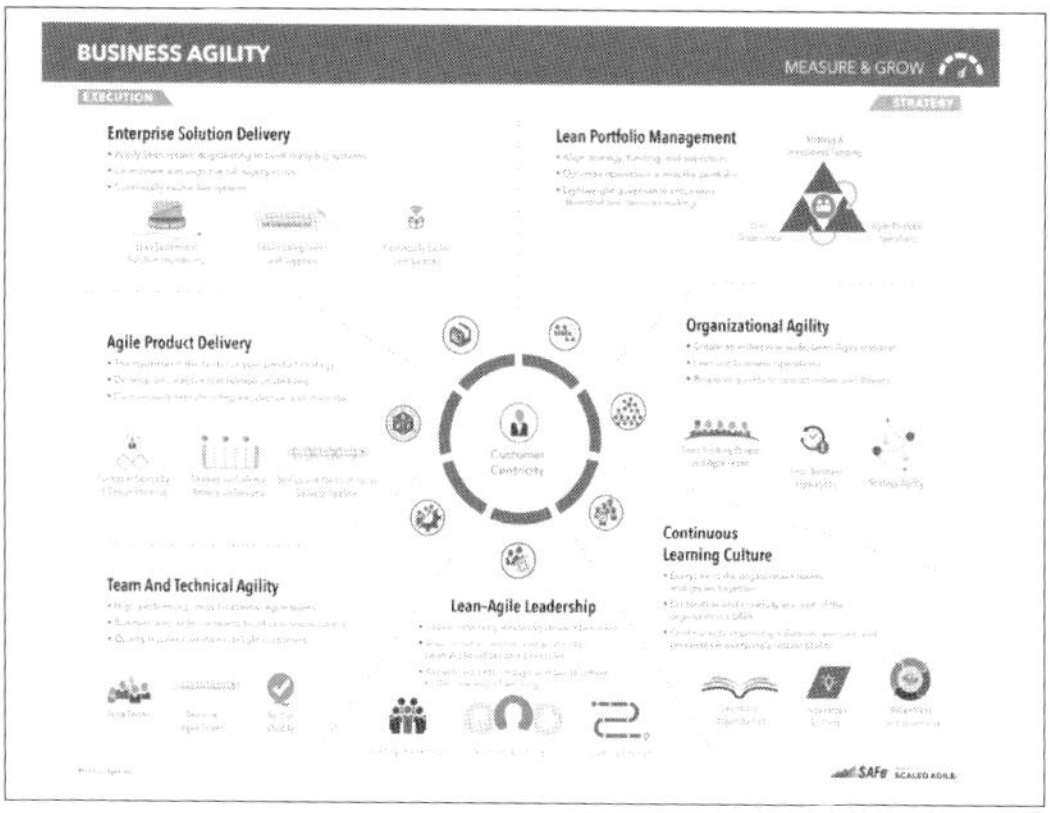

出典：https://www.scaledagile.com/safe-50/

の一つだと考えて良いでしょう。ですからビジネスアジリティマニフェストは、ビジネスアジリティの中でも特にビジネスプロセスやITアーキテクチャのマネジメントに関するアジリティを考える際には参考になります。このマニフェストはIIBA日本支部理事が翻訳した日本語版もリリースされているので、詳細はそちらを参照頂ければと思います。[※7]

フレームワークも資格も視野を広げるための道具

ここでは三つのフレームワークを紹介しましたが、これらの他にビジネスアジリティ関連の資格も登場しています。ICAgile社はさまざまなアジャイル開発関連の資格を提供していますが、この中には「Business Agility」という資格群があり、業務領域や役割に応じて約10種類の資格があります。

私はここで紹介したようなフレームワークを理解したり、資格を取得したりすることはビジネスアジリティの世界を知る上でとても意義のあることだと考えています。ただ一方で、これらの活用はあくまでも自分の視野を広げるためであり、自分の経験を再整理することで、知識をより体系的に理解するためであるということは認識しておく必要があります。

フレームワークは、特定のフレームワークだけにあまりに詳しくなってしまうと、むしろ視野を狭める側に働くことがあります。特定のフレームワークの知識を持つことで、そのフレームワークの教えに従うことに凝り固まってしまい、他のさまざまな考え方を学ぶことを止めてしまうためです。特にビジネスアジリティについてはまだ歴史が浅いため、どのフレームワークも提唱している団体の考え方が色濃く出ています。この点で、どのフレームワークもビジネスアジリティの世界全体を俯瞰したものにはなってはいませんから、余計に気をつけなければなりません。

アジャイル宣言（第二章コラム参照）の共同執筆者の一人であるデイブ・トーマス氏による「アジャイルは死んだ（Agile is Dead）」という有名な講演があります。[※8] トーマス氏はこの講演の中で、アジャイル宣言の精神からはじまったアジャイル開発が、過度に産業化し、特定の方法論の進め方に従わなくてはならない気にさせられたり、資格を取る

※7…ＩＩＢＡ（International Institute of Business Analysis）はビジネスアナリシスの啓蒙と発展のための活動を行う国際的な非営利団体で、約3万人の会員がいます（本部はカナダ）。ビジネスアナリシスの知識体系であるＢＡＢＯＫを発行している他、ビジネスアナリストの資格試験やカンファレンス運営などといったコミュニティ活動を行っています。

※8…トーマス氏の講演はYouTube内で公開されていますので参考にしてください（２０２０年9月現在）。
「GOTO 2015・Agile is Dead・Pragmatic Dave Thomas」
https://www.youtube.com/watch?v=a-BOSpxYJ9M

ことばかりが奨励されたりする状況を嘆きました。そして、「すべてのフレームワークも、本に書かれたことも、あなたの組織について何かを理解して書かれているわけではないので、それらを参考にしつつもまずは一歩踏み出し、試行錯誤しながら、最後は自分の頭で考え最適解を見つけるように」と説いています。フレームワークや資格の勉強を通じて理論を学んだとしても、最大の学びは常に実践からもたらされます。行動を通じて自分たちなりの考え方や方法論を知識として創造することを忘れないようにしたいものです。

4-6 ビジネスアジリティマニフェスト（一部抜粋）

ビジネスアジリティ・マニフェスト変革の実現のために

ロジャー・バールトン，ロナルド・ロス，ジョン・ザックマン著

（訳）榎松隆，塩田宏治，清水千博，庄司敏浩[1]

基本原則

すべてのイニシアチブは，明示的に

マネジメント原則と整合しなければならない。

I. 絶え間なく続く変革

1. ビジネスアジリティ実現のためには絶え間ないイノベーションと急速な変革に対応しなくてはいけない。
2. 既存のビジネスは，継続的に進化する外部エコシステムにおいて，ビジネスの妥当性を維持するために継続的に変革されなければならない。
3. 絶え間なく続く変化は避けられないが，既存のバリューチェーンが変革中に不要なリスクにさらされないように，変革しなければならない。
4. 絶え間なく続く変革は，その影響，特に意図しない結果を予測し緩和するためのビジネス知識ベースに依存する。

II. ビジネス・ソリューションのアジリティ

1. ソフトウェアを高速に開発するだけでは，存続と成長のために十分ではない。そのようなソフトウェアは一旦運用すれば，意図しない結果を招くことなく，継続的かつ迅速に変更することが難しくなりがちだからである。
2. アジャイルなビジネス・ソリューションの正しい評価基準は，ビジネス知識がどれだけその中に構成されているか，そしてその知識をどれだけ容易に変更または再構成できるかということである。
3. ビジネス知識のビジネスプロセスと製品への活用は，タイムリーで，効果的で，選択的で，再現性があり，普及しやすく，追跡可能で，扱いやすくなければならない。

出典　：https://busagilitymanifesto.org/10-translations/23-bam-japanese

第五章

広がるアジャイルメソッドの適用

～さまざまな領域で進むオペレーション変革～

第二章から第四章までは、主に企業活動における何らかの変革の場を中心に、ビジネスアジリティの姿を描いてきました。第五章では企業内で定常的に行われているさまざまなオペレーション（業務）におけるビジネスアジリティの実践例を紹介していきます。企業の業務にはさまざまな領域がありますが、ここではこれまでアジャイルと縁遠いと考えられていたホワイトカラーの仕事を中心に、近年の事例をピックアップします。

個人主義からチーム主義へ移行するセールス＆マーケティング

〝アジャイルな営業〟と言われてもイメージが湧く人は少ないかもしれません。アジャイル手法からは縁遠いように思われるこの領域でも、アジャイルな業務運営の在り方が模索されるようになっています。アジャイルの考え方がもはやエンジニアリング領域ばかりとは限らないことの事例として、まずはセールス＆マーケティングの領域から見ていきましょう。

〝スクラム〟の導入で営業成績を劇的に改善する

ロシアのある住宅建材を販売する会社では、売上の低下に悩んでいました。この事態を打開するために、アジャイル開発方法論の一つであるスクラムの考え方を取り入れた営業改革を実施しました。

この時は、まず社内に五つある営業チームの中で、最も成績の悪かったチームに試験的に導入されました。この〝アジャイル営業チーム〟には1週間のスプリント期間[※1]が設定されます。毎週のスプリントの冒頭では目標の設定（ないし見直し）、やるべきことの頭出しと共有、そして役割分担がなされます。そして毎日行うミニ会議（いわゆるデイリースクラム）で各自の状況と課題を共有しながら活動を進め、スプリント期間の終わりとなる週末には振り返りのミーティングを行います。

営業部門というと各チームの売上目標を、各営業担当者に営業ノルマという形で配分する運営が一般的です。このような運営の営業チームは個人主義の色が強くなります。メンバーの目線はチームや会社全体の目標の達成よりも、自分自身の目標達成に向きがちになり、必然的にお互いに協力したり、情報を交換したりすることは限定的

※1…アジャイル開発において活用される概念の一つで、特定の機能を完成させる目安となる固定の時間枠です。一つのスプリントは1か月以内で設定されるべきとされており、通常は1週間ないし2週間とすることが多いようです。

となります。

しかし、アジャイル営業チームでは個人の成績よりもチーム全体の成果に焦点をあてます。まずチーム全体の目標を皆で合意します。そして、その達成のために自分ができることを自発的に提案していきます。お互いの協力が大切で、誰かチームのメンバーがお客様への提案で困っていたら自発的に手伝うことも奨励されます。

このような行動変容は、旧来の営業手法に慣れた担当者にとってはとても大きなチャレンジとなります。この事例でも、この考え方が導入された当初は、もともと優秀とは言えなかったチームはさらにその成績を下げてしまったそうです。確かに個人の営業目標がなくなる一方で、お客様とチーム全体への貢献が必要と言われても、何をして良いのか途方に暮れる営業担当者の姿は容易に想像がつきます。しかし、外部のアジャイルコーチの指導も入れながら、根気強く活動を続け、やがて成果が上がるようになりました。そしてアジャイル営業チームの運営手法はその後、他のチームにも導入され、最終的には約1年間の活動で全社の売上は約3倍になったそうです。[※2]

マーケティング領域全般に適用されるアジャイルの考え方

営業活動（セールス）と隣接する領域であるマーケティングでもアジャイルの考え方

は活用されています。特にデジタルマーケティングと言われる、インターネット上で広告宣伝活動を行ったり、インターネット上の情報からお客様の動向やニーズを探ったりする領域ではこの傾向が顕著です。事前にしっかりした準備を必要とし、しかも一度展開をはじめるとやり直しが難しいCMや広告といったマーケティング手法と比べて、デジタルマーケティングでは二つの異なる施策を同時に行い効果比較するA／Bテストや、顧客のサイト上の動きや購買動向といったデータを分析し顧客像を継続的に修正し続けるといったアジャイルな活動を行いやすいという事情があります。

デジタル領域で培われたノウハウは、旧来のマーケティング施策とも融合しています。例えば何か新しい商品ブランドを立ち上げる際は、まずネット上で通販サイトのような小さなブランドを立ち上げ、その反応を見ながら顧客像の分析やビジネスモデルの調整を行います。そして、ある程度の見込みがついたところで実店舗への展開や、大がかりな広告宣伝の施策に連携するといった具合です。

このような背景から、2012年に有志のマーケティング専門家たちによってア

※2…ここでのアジャイル営業チームの事例は、ロシアのアジャイルコーチであるマリナ・アレックス氏の講演で紹介されているものです。アレックス氏は、営業チームへのアジャイル手法の適用方法論である「SWAY」を提唱しています。
https://businessagility.institute/learn/agile-sales-or-how-to-be-happy/

ジャイルソフトウェア開発宣言に倣った「アジャイルマーケティング宣言」が作られました。この宣言でも、ビジネスアジリティ全体に流れる「小さく素早くはじめる、そして大きく育てる」「サイロを越えてネットワークで連携する」といった概念が大切にされています。

個人主義から脱却し、チーム主義へ

営業にしてもマーケティングにしても、どちらかといえば企業の中で個人主義の強い領域です。自分なりのやり方や個性が認められることは素晴らしいのですが、チーム運営においても個人の成績が重視され、連携よりもお互いをライバルとして競い合う文化が強い領域でもあります。

5-1 アジャイルマーケティング宣言（日本語版）

JAPANESE VERSION

Translation courtesy of Naoya Segawa

“私たちは、マーケティングへの新たなアプローチを通じて、顧客と組織に価値を創造するよりよい方法を見つけだそうとしている。この活動を通して、私たちは以下の価値に至った。

1. 意見や慣習よりも検証された学びを
2. サイロやヒエラルキーよりも顧客のための協調を
3. 大規模よりも適応力がある反復型キャンペーンを
4. 静的な予測よりも顧客発見のプロセスを
5. 融通が利かない計画よりも柔軟性を
6. 計画に従うことよりも変化への対応を
7. いくつかの大きな賭けよりもたくさんの小さな実験を

出典：https://businessagility.institute/learn/agile-marketing-manifesto/#jp

ビジネスアジリティは営業やマーケティングに対して、個人の強みと専門性を活かしつつも、周囲と協調しチーム全体の成果を重視する新しい仕事の在り方を投げかけています。

冒頭のロシアのアジャイル営業チームの事例では、活動の一つとしてお客様の声をもう一度しっかり聞くという活動を行いました。この中で、営業担当者は会社の主力商品である住宅用の陶器タイルが、商品配送過程で破損してしまうことへの不満を多く聞きました。それまでのその会社の文化では、このような直接的に営業活動に関係のないお客様の声は聞く機会も少なかったですし、聞いたとしても特に共有されることもなく放置されていました。

しかし、この時のアジャイル営業チームは、チームの最大の成果指標をお客様の満足度に置いて活動していましたから、この問題は捨て置くことができませんでした。チームは商品の配送過程での破損が起きている状況や原因を分析し、経営や社内の他部署に提案を行いながら改善活動をリードしました。このような活動がお客様の満足を高め、その結果、営業成績にも良い影響をもたらしました。アジャイル営業チームはこの他にも1年で300もの業務改善を行い、総額で100万ドル以上のコスト削減に寄与したそうです。このような部門を越えた連携は、営業ノルマのような仕組みでは推進することができません。

日本でも金融業界を中心に、過酷な営業ノルマが営業成績を高めるどころか、むしろ不正を助長してしまう事例が増えたことから、営業員に対する売上ノルマを廃止する動きが広がっています。これまでのインセンティブやノルマといった〝飴と鞭〟で営業担当者個人に働きかける手法はもはや終焉を迎えようとしています。

米国のリサーチ会社であるCEB社（現ガートナー社）の調査によると2012年までの10年間で、ビジネスの収益性に占める社員の成果のうち、個人の作業によってもたらされる割合は78%から51%に低下し、その一方で複数の社員間のネットワーク（チーム）の作業によってもたらされる成果の割合が22%から49%に増加したそうです。※3この傾向は増す一方でしょうから、これからの業務は個人の成果以上にチームの成果重視の運営が求められていきます。

調達をより迅速でオープンなものに

近年のビジネスの迅速化は企業の調達業務にも大きな変化を迫っています。これまでの調達は調達品の仕様をしっかりと文書で提示し、サプライヤーと事前にしっかりと契約内容を合意し、さまざまなリスクなども勘案しながら契約を結ぶという流れでした。ところがこのような時間のかかる手順を経て調達を行っていては、製品開発や市場の需要の変化に間に合わないことが増えています。

このため調達の領域では「アジャイル調達（Agile Procurement）」と言われる調達の在り方が提唱されはじめています。ここでは、ある企業の調達事例を元に、これからの調達の姿を考えてみたいと思います。

調達仕様はベンダーと共に考える

ＣＫＷはスイスのルツェルンに本拠を置く、従業員１７００人ほどの電力事業者です。この会社は社内のイントラネットを刷新するにあたり、革新的な方法でベンダーを選定しました。この時、使われた手法がリーンアジャイル調達（Lean Agile Procurement）です。[※4]

※3…Why Individuals No Longer Rule on Sales Teams
https://hbr.org/2014/01/why-the-individual-no-longer-rules-in-sales

※4…リーンアジャイル調達はスイスの調達業務コンサルタントであるミルコ・クライナー氏が提唱しているアジャイル開発の思想を取り入れた調達手法です。詳細は次のサイトを参照してください。
https://www.lean-agile-procurement.com/

5-2　リーン調達キャンバス

出典：https://www.lean-agile-procurement.com/lean-procurement-canvas

リーンアジャイル調達では、これまでの文書偏重の調達の在り方を見直し、関係者の対話を重視します。この対話を促進する際のツールとして活用されるのがリーン調達キャンバス（Lean Procurement Canvas）です（図5－2）。このキャンバスを中心に議論を行い、その結果をキャンバスの枠に付箋紙で貼っていきます。

リーンアジャイル調達のステップは大きく三つに分けられます。

最初のステップは、発注者側が自身のニーズを明確にすることです。今回の発注に関わる担当者が会議室に集められ数日のセッションで、キャンバスの右側にある発注者側のニーズを明確にしていきます（図で「Company facing」と記載された部分）。この事例では3日間のセッションでイントラネット刷新の取り組みへの期待事項をまとめていきました。セッションには意思決定に必要なすべての人が集まることが求められ、その中にはプロジェクトの担当者やユーザー部門の関係者だけでなく、法務部門や調達部門の関係者も含まれます。これにより、このセッションで決めたことはこれ以降の社内での調整作業を必要とせず、そのまま発注者側の合意事項となります。

次のステップがベンダーとの2日間のセッションです。この時は三社の候補ベンダーが選定され、セッションに招待されました。ですから計3回6日のセッションを行うことになります。このセッションにはベンダー側も、法務担当者（契約担当者）を含む、意思決定に必要なすべての人の参加が要求されます。また提案依頼事項は事前に概略が伝えられる程度で、参加者を調整することと秘密保持契約を結ぶこと以外にベンダーに事前の準備は必要ありません。

2日間のセッションの中でベンダーは、まずキャンバスの左側（図で「Partner facing」と記載された部分）に、ベンダー側の提案事項を記入していきます。そして発注者側の関係者と共に取り組みの方針を議論し、お互いの主張を調整しながら中心にある取り組みの方針（図では「Focus」となっている部分）を定めていきます。

5-3　セッションの風景

出典：Online Symposium Agile Contracting & Procurement by Mirko Kleiner　https://www2.slideshare.net/mkl77/(Agile Turkey Summit 2018 - Agile Contracting done RIGHT: What we can learn from Startups by Mirko Kleiner)

セッション中はキャンバスだけを埋めるわけではなく、お互いの理解を促進したり、取り組みの目標を明確にしたりするためのさまざまな文書も作成されます。ただし、文書といってもPCで作成される厳密なものではなく、議論の結果をフリップチャートに速記したものや、ホワイトボードに付箋を張り付けて作成されたものの集合体です。写真5－3はセッションの風景で、CKWのCFOが、参加したベンダーにプロジェクトの意義を説明しているところとのことですが、部屋の中が紙や付箋で埋め尽くされていることが分かります。セッションでは時間内に何らかの合意にたどりつくことが要求され、最後には発注者側からベンダーに対してフィードバックがなされます。

すべてのベンダーとのセッションが完了した後に行われる最後のステップが、ベンダーの選定と契約です。発注者側の関係者がリーン調達キャンバスを中心にセッションを振り返り、ベンダーを選定して結果を通知します。そしてセッションでの合意事項に基づいて正式な契約書が作成され、選定されたベンダーとの間で締結されます。これまでの過程で法務担当者を含む関係者の考え方はすべて議論されているため、最後の契約書作成は極めて迅速に行われます。

リーンアジャイル調達の成果は劇的なもので、調達リードタイムはこれまでの6か月から5週間に短縮されました。さらに、この調達に参加した発注側、ベンダー側双方の関係者から高い満足を得ることができました。発注側では、すべての関係者が一堂に会し、共に議論をしながら要求事項を詰めていくことで、網羅性と透明性の高い仕様を考えられたことが参加者の納得感につながりました。

ベンダー側では、セッションの2日間は発注者側の担当者を独占して、自由に質問したり、議論したりしながら提案を考えることができるため、消化不良のない提案を考えることができました。このような進め方なら、分厚い仕様書を読み込んで理解することに苦労したり、時間のかかる質疑応答のステップを踏んだりする負荷も軽減されます。発注側とベンダー側双方の意思決定の関係者を同じ場に集めるという点ではハードルの高い方法ではありますが、それをはるかに超える効果を期待できる手法だと言えるでしょう。

時間ばかりがかかるこれまでの調達

リーンアジャイル調達は、対話によるコミュニケーションを重視しています。まさにアジャイル宣言の「契約交渉よりも顧客との協調を」を体現した手法だと言えます。

この手法に比べると、これまでの提案依頼書（RFP）による調達は、膨大な時間と労力がかかります。これは、コミュニケーションを対話ではなく文書に頼りすぎていることが原因です。

これまでの調達手段だと、今回のＣＫＷ社のＩＴインフラ調達のようなケースではＩＴ部門の担当者がベンダー選定の担当者として、ユーザー部門へのヒアリングや調達部門との調整に走り回ります。その際に得られた情報を元にＲＦＰが作成され、ベンダーに説明されます。ベンダー側は分厚いＲＦＰを読み解きながら、自社としての提案をまとめます。そして選定結果を元に、法務担当者も入って契約書の作成が行われます。発注側もベンダー側も、すべてのステップにおいて情報を文書に落とし込まないと先に進めないので、時間と労力がかかるのです。

この時、調達の公正性を担保するために発注側の関係者とベンダー側担当者とのコミュニケーションが制限されることもあります。提案コンペや行政の企画競争入札（プロポーザル方式）といった調達手法では、ＲＦＰをベンダーに提示した後の質疑応答は文書で行われることが一般的です。特定のベンダーの質問にのみ回答するのは情報の格差を生み公正性を欠くため、参加ベンダーからの質問はすべて文書にまとめ、回答を記した文書を全ベンダーに配布するのです。

この方法は確かに公正性の高い方法かもしれませんが、電話なら10分で得られる回答を得るのに1週間かかることもあります。しかも回答は一方的に文書で戻ってくるだけなので、ベンダーが期待したような回答を得られないこともあります。

リーンアジャイル調達ではこのようなことは起きません。しかも、公正性や透明性が損なわれることもありません。それぞれのセッションに関係者が皆、巻き込まれているので、むしろこれまでの調達手法よりもオープンだと言えるくらいです。

このような手法がすべての調達で有効とは言えません。事前に綿密な検討や分析が必要な案件であったり、巻き込むべき関係者の範囲が広範囲にわたる案件だったりすると、よりしっかりと手順を踏んだアプローチが必要になるでしょう。それでも、対話重視型の調達の姿は、膨大な時間と労力をかけていたこれまでの調達の在り方に一石を投じています。

なお、ここで紹介した事例は、さまざまなアジャイル調達の考え方の一つにすぎません。この他にも、調達のすべてを事前の綿密な計画に基づいて行うのではなく、調達品の中でも優先度が高く、仕様の変更リスクが少ない最低限のものから調達を進め、後続の調達計画を柔軟に見直す「調達サイズの最小化」や、将来のリスクの予測が難しい際に契約内容に変更が発生することを前提に、契約見直しタイミングや、契約変更時の考え方を事前に合意しておく「変更前提の契約」といったさまざまな考え方が提唱されています。

行政で進む調達のオープン化

アジャイルな調達では迅速に調達を行ったり、柔軟に調達計画を変更できたりするということに目を奪われがちですが、さまざまな選択肢の中から最適なサービスを選ぶという点も大切です。市場では新たな技術やサービスが次々に生まれますから、常に新しい調達先に窓口を開けておき、広く社外のノウハウを集める必要があります。

この調達のオープン化の事例としては、イギリスの政府調達の仕組みが参考になります。2011年に設立された政府デジタルサービス（Government Digital Service：GDS）という機関は、さまざまな省庁にまたがる行政手続きを一つのポータルサイトからオンラインで提供するGov.ukを運営したり、行政機関のIT人材の育成の支援を行ったりするなど、行政全体のIT化を推進する上でのさまざまなサービスを提供しています。

GDSは官公庁のIT調達の最適化の役割も担っています。GDSは「デジタルマーケットプレイス（Digital Marketplace）」という行政のIT調達の基盤を提供しているのですが、ここにはイギリスの行政機関が利用可能なＩＣＴサービスが記載されており、政府の省庁や地方自治体、公共機関はこのデジタルマーケットプレイスを通じて目的に合わせたさまざまなサービスを購入できます。

ベンダーは、ＧＤＳとデジタルマーケットプレイス利用に関する基本条件を合意した後に、サイトにサービスの価格、内容、契約条件等を登録します。サービスの登録は英国企業だけでなく世界中の企業が可能で、日本企業も数多く参加しています。このサイトにより、行政機関はサービスごとに発注先を一から選定したり契約等を行ったりする手間が省ける一方で、ベンダー側は、かつての公共調達の際に毎回必要だった複雑な入札手続きなどの参入障壁が解消され、政府機関が発注する業務への参入がしやすくなりました。

公正性を担保したり、リスクを回避したりするための複雑、かつ長期間にわたる手続きは、特に中小企業やスタートアップ企業にとって大きな負担です。結果的にこれらの事務手続きに人員を割く余力のある大企業にとって有利になります。デジタルマーケットプレイスの導入により、イギリスではＩＴ調達に小規模事業者の参入が進みました。このように開かれた、かつ効率的な調達の在り方は、アジャイル調達のもう一つの側面です。

大企業の中には、デジタルマーケットプレイスのような調達サイトを構築し、広くベンダーの提案を集める施策を行っているところが数多くあります。しかし、ただサイトを開設してベンダーを募集すれば良いというものではありません。ベンダーとは普段からの密接なコミュニケーションをとり、信頼関係を築いた上で「外部の会社」というよりは「自社のエコシステム内にいる仲間」という感覚で付き合っていく必要があります。その際、ベンダーからの提案を待つだけでなく、こちらから積極的に情報を開示して自社の状況や期待を理解してもらう努力も必要です。ＧＤＳでも、ベンダーが調達に積極的に参加できるようさまざまな取り組みを推進しています。

今、ビジネスは急速に複雑化しており、自社ですべての専門性を賄うことは現実的ではありません。自社と異なる領域に強みを持つベンダーとパートナーシップを組んでビジネスを進めることは必須とも言える時代になっています。そう考えるとビジネスアジリティの「サイロを越えてネットワークで連携する」といった原則は組織における人の関係性だけでなく、会社間の関係性にも当てはまるとも言えます。

"Beyond Budgeting"でこれまでの予算管理を超えていく

環境変化が激しく予測が難しい時代は、企業の予算管理の在り方にも大きな挑戦を投げかけています。未だ多くの企業が一年という単位で予算を立てています。自分自身も経験があるのですが、3か月先のことを見通すのも難しい中で、一年分の予算を確定することは相当な困難を伴います。結果的に、単なる願望のような予算になることも少なくありません。そのような中、世界では「Beyond Budgeting」と呼ばれる予算管理の新しい考え方が知られるようになっています。Beyond Budgetingの実態はさまざまな斬新な予算運用方法の集合体で、運用している各社ごとの違いも大きいですが、ここでは共通する考え方に絞って紹介します。

「年度」の予算管理から、柔軟な時間軸へ

Beyond Budgetingの考え方で、最も分かりやすい部分は「年」という時間軸に縛られないことです。業種・業態によって予算を管理するのに適当な期間は異なります。例えば私たちコンサルティングサービスでは、半年先の案件状況を見通すことは簡単ではありません。小売業の人と話すと、四半期どころか月単位で状況が変わると言いま

す。逆に建設業では、今年よりも来年以降の案件の確保が気がかりだそうです。

このように企業によって見通しを立てる時間軸は違うにも関わらず、多くの企業の活動は「年」という単位に縛られています。一度決まった年度予算は修正が難しく、極端なケースでは新しい活動をはじめるには次の年まで待たないといけない場合もあります。

Beyond Budgetingではその事業に最適なサイクルで予算管理を行うことを提唱しています。多いケースとしては四半期を一サイクルとすることです。予算策定は5四半期先、6四半期先まで見通しますが、このような先の予算は労力をかけず曖昧に見積っておきます。そして、時期が近づくにつれてその見通しはより精緻に修正され、最終的に次の四半期の段階で確定となります。その過程で不必要だと判断された項目が削られたり、逆に環境変化で必要性が増した項目は追加されたりします。ここではアジャイル開発手法のバックログ管理と似た考え方が適用されていることが分かります。これをその会社の事業管理として適切なサイクル（隔週、月、四半期、半期等）と期間（数四半期先から数年単位）で行うわけです。

予算管理が年度に縛られないのであれば、必然的に市場への業績予測開示も年度単位ではなくなります。上場企業が期初に通期予想を示すのは当たり前のように思うか

5-4　柔軟な時間軸での予算管理

これまでの予算管理

- 年度に縛られた予算管理となっている。
- 年度内は予算が決められている一方で、年度を越えた先の予算は予測対象から外れる。

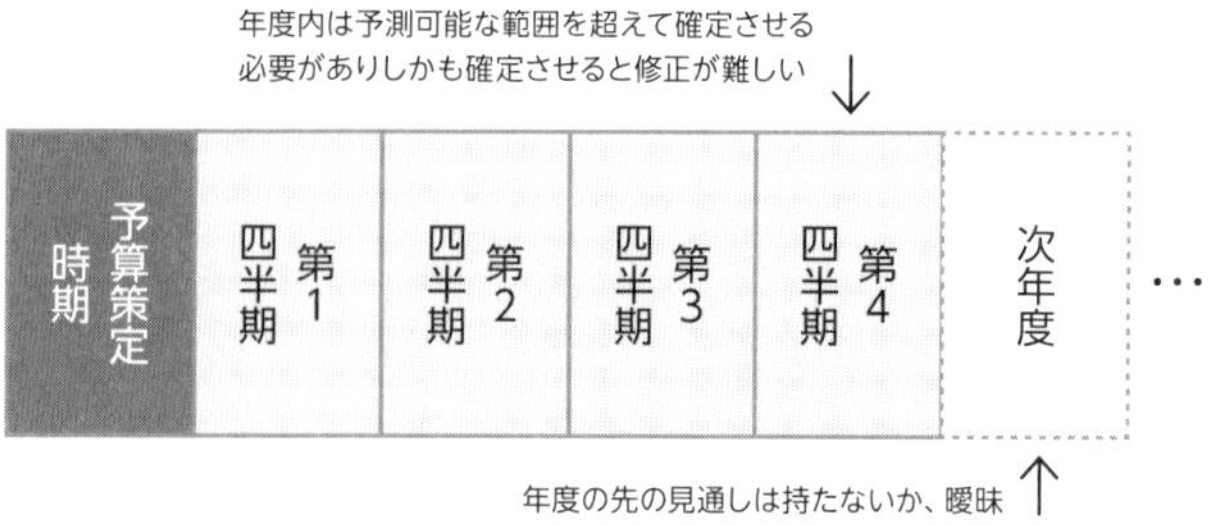

“年”にとらわれない予算管理
（四半期サイクルの例）

- “年”にとらわれず事業に適した管理サイクルで運営する。
- 長期的な予測をもちつつも、精緻化は喫緊の予算に限る。

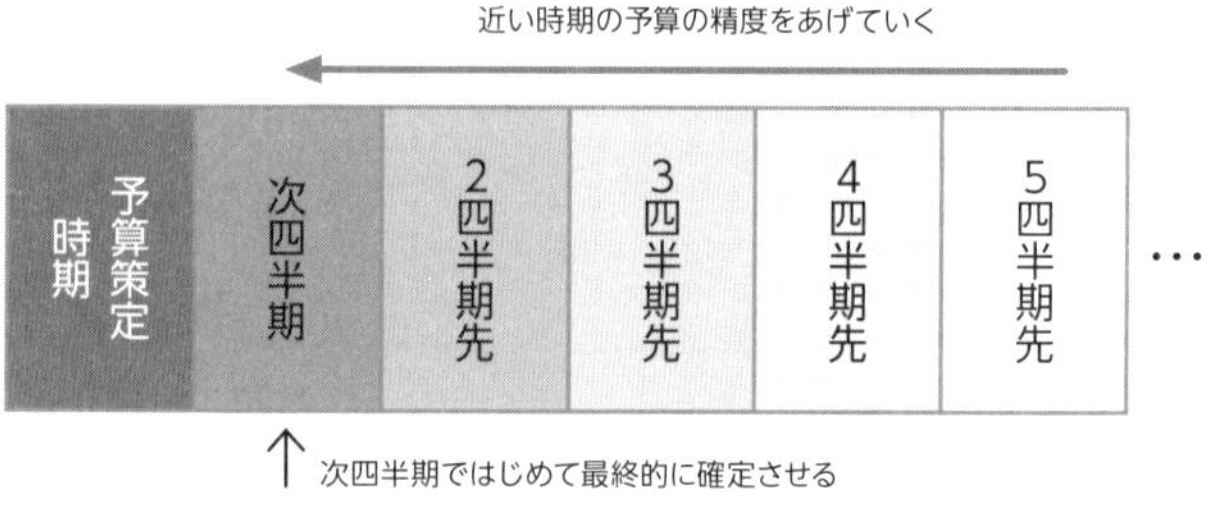

もしれませんが、実はこれは絶対に行わなくてはいけないわけではありません。光学機器メーカーのＨＯＹＡは予算管理のサイクルを四半期とした上で、市場への業績開示も四半期単位です。第１四半期～第２四半期には通期の業績予想は示されず、通期予想が示されるのは第３四半期決算開示のタイミングとなります。

絶対額の目標から、柔軟性を持った数値目標へ

売上額や利益額といった固定的な数値目標を設定することは、先が見通せない中では困難を伴います。具体的な根拠に基づく予測がなりたたない数値目標はもはや感覚値となり、高い目標を設定したい管理者（経営者）側と、できるだけ低い目標を設定したい実行者（現場）側との駆け引きになってしまう危険性もあります。

では固定的でない数値目標とはどういったものでしょうか。最も分かりやすいのは業界内におけるシェア（順位）です。これらは業界をとりまく環境が不利になり当初の売上目標に達しなかった場合でも、その環境下において最善を尽くしたかどうかを測ることができます。この他に資本利益率や、収益対費用比率といった財務効率性に関する指標も活用できます。

Beyond Budgetingの初期の事例として有名なのが、スウェーデンの総合金融グループであるハンデルス銀行です。この銀行は、1980年代にスウェーデンの金融業界全体の環境が悪化する中でも、競合他社のベンチマークから得た相対目標を活用することでシェアを高め、今ではスウェーデン国外にも進出する一大金融グループとなりました。このような指標は逆に市場環境が有利に振れた場合でも有効です。固定目標は、安全策として低い目標を設定してしまったり、目標を一度達成してしまうとそれ以上の努力を止めてしまったりと、より高みを目指せた場合でも努力を促さない側に働くことがありますが、相対目標はこのようなことを防ぐことができるからです。

売上側では相対目標を活用する一方で、コストサイドの予算はまた違った運営の考え方が求められます。コスト側の予算は何か達成したい目標があった際に、それを実現するための活動資金として割り当てられるものです。大切なのは何をすべきかをしっかり議論し、それに対して資源を割り当てることです。

ところが、予算策定の議論では単純に金額ばかりが問題となってしまい、活動内容が十分に議論されないことがあります。例えば「研修予算は上限いくら」「IT投資は売上の1%」というように、費目ごとの予算枠が決められてしまい、その使い道については議論されないというようなケースです。

このような予算管理の下では、予算を申請する各部門は枠の確保が命題となってしまい、削減の根拠とならないよう「年度末の予算使い切り」のような動きをとることがあります。逆に予算を認可する経営や財務部門はその必要性を理解せず「予算枠が足りない」といって予算申請をむやみに却下し、必要な活動が行われないといった弊害もおきます。ですからここでも予算を絶対額ではなく、何をするのか（＝アクションアイテム）をしっかり議論し、それに対して予算を割り当てるという、本来当たり前であることをしっかり行うことが大切になります。

中央集権的な予算管理から、自律分散型の予算管理へ

ここまでを読んでお分かりかと思いますが、「Beyond Budgeting」の趣旨は事業の特性に合わせて時間軸や目標の立て方に柔軟性を取り入れることです。こうなると現場をよく知り迅速に状況判断を行うことができる人が、予算の立案や執行を担った方が効率的です。必然的に予算管理の中心は、本社組織や経営者が予算を決定し、配分するといった中央集権的な進め方ではなく、より現場主導の自律分散型の進め方に移ります。

究極的には組織全体での予算管理をほぼ廃止してしまって、各チームは必要な相談や説明を周囲の人にしっかり行うことを前提に、自由に経費を執行できる運用を行う例もあります（第六章に登場するモーニング・スターはこの例です）。

このような考え方の根底には、それは現場で状況を最もよく知る人が、必要な関係者と相談した上で決めたコストには無駄なものはないと信じるということがあります。ですからBeyond Budgetingを実現しようとすると、ただ予算管理の仕組みを変えれば良いというわけではなく、各チームの自律性を育てるためのさまざまな施策が必要になります。

Beyond Budgetingの成立と日本への紹介

ここまで紹介したようにBeyond Budgetingとは、これまでの予算管理の常識から脱却し、柔軟で変化への適応を重視する考え方です。

１９９８年には、このような柔軟な予算管理の考え方を共有し、関心のある企業間でノウハウをシェアする「ＢＢＲＴ（Beyond Budgeting Round Table、現Beyond Budgeting Institute）という組織が設立されています。[※5] 設立時期を見ても分かるように、Beyond Budgetingの歴史は意外と古く、変化適応型経営の研究の中でも最初期の論点の一つです。この手法は全体的にヨーロッパの企業が主導しており、ＢＢＲＴ（現ＢＢＩ）に参加している会社もＬＥＧＯ、ミシュラン、ボルボ、ＡＶＩＶＡ（ロンドンに本拠を置く世界有数の保険会社）とヨーロッパの有名企業が名を連ねています。

日本でもこのような考え方を取り入れる企業は増えており、先ほど紹介したＨＯＹＡの四半期業績開示などはその最たる例です。２０１０年前後から、この Beyond Budgetingを「脱予算」と訳した上で、※6 新しい予算管理の考え方として紹介する本が何冊か登場しており、これらの中には日本企業における事例を紹介したものもあるので、興味がある方は参考にしてみてください。※7

※5…ＢＢＲＴ（https://bbrt.org/）は現在Beyond Budgeting Institute（ＢＢＩ）という名称に変わっています。

※6…Beyond Budgetingは決して予算管理を廃止しようとしているわけではなく、従来の統制型で硬直的な経営から、権限委譲と環境適応を重視した経営に移行しようということです。そう考えると「脱予算」という訳よりは、これまでの予算管理の考え方を超えるという意味で「超予算」の方が正解のような気はします。

※7…次のような書籍が参考になります。
『脱予算経営』（ジェレミー・ホープ／ロビン・フレーザー、生産性出版）
『脱予算経営への挑戦』（ブャーテ・ボグネス、生産性出版）
『日本型脱予算経営』（柳 良平、同友館）

人事で進む年次評価とランク付けからの脱却

この章の最後に、人事部門におけるビジネスアジリティの実践について紹介します。ビジネスアジリティ実現の鍵は人の自律と組織文化にあります。そうなると、人事制度の在り方はビジネスアジリティ時代の経営の姿を考える上で大切な要素になります。既にさまざまな企業で新たな人事制度の模索がはじまっていますが、これはどのようなものでしょうか。

画一的な人事評価では人は育たない

これまでの人事の常識は既にいくつもの問題に直面しています。分かりやすいのは「年次評価」という枠組みです。先ほどの予算管理の場合と同じように、年という単位が、変化の速い市場のスピード感に合っていません。期初に決めた目標は期間中にどんどん状況が変わるので、期末に評価をする頃になるともはや評価の基準として役に立ちません。そもそも社内で行われている大小のさまざまなプロジェクトは必ずしも期初にはじまって、期末に終わるという性格のものではありません。評価とは、人を評価し査定すること以上に、改善や成長に向けて活動を振り返るための活動のはずです。何らかの活動を振り返るのであれば、その活動が終了した直後が最適なはずですが、それを画一的に〝年の終わり〟にしても、振り返りを行うタイミングとしては柔軟性を欠くのです。

さらには評価の在り方も見直しを迫られています。多くの会社の評価の仕組みでは未だ従業員にABCのようなランク付けを行い、「優秀な人」と「改善が必要な人」に振り分けようとします。しかし同じチームのメンバーを選別するというこの枠組み自体が、セールス&マーケティングで説明したような個人主義に陥らせ、チームワークを阻害する要因となってしまいます。

そもそも多様な専門性が集まるチームで、チームワークを重視して人を評価しようとすれば、その評価観点は多様なものにならざるを得ませんから、特定の観点だけで人をABCのようなランク付けすること自体に無理が生じます。結果的に評価付けは上司の極めて主観的なものになってしまったり、営業成績のような分かりやすく数値で比較できる観点ばかりが強調されてしまったりするわけです。

主流となる「リアルタイムフィードバック」と「レーティング廃止」

このような「年次評価」と「ランク付け（レーティング）」はさまざまな問題を孕みなが

らも、運用の効率性と、同じ基準で人を選別するという一見して公平な仕組みであることもあって、広く企業で用いられてきました。しかし、そのような仕組みは企業に必ずしも期待した効果をもたらさなかったようです。かつて従業員をランキング付けする制度「スタック・ランキング」を導入していたマイクロソフトの事例について、書籍『The End of Average』では次のように説明されています。※8

「マイクロソフトでは、スタック・ランキングは悲惨な結果を招いた。2012年のヴァニティ・フェア誌の記事は、マイクロソフトがスタック・ランキングに依存していた時代を〝失われた十年〟と評価した。業務が厳密にランク付けされる制度のもとで、社員は競争に駆り立てられ、お互いに協力をしぶるばかりか、成績がトップの人物といっしょの仕事を回避するようになった。自分のランキングが下がる恐れがあるからだ。記事によれば、〝スタック・ランキングが採用されているあいだ、マイクロソフトは官僚的で慢心した組織に変質してしまった。既成の秩序を乱しかねない革新的なアイデアを握りつぶす管理職が図らずも報いられるような社内文化が蔓延していた〟という」

このようなことから2013年末にマイクロソフトは新たな人事制度を導入します。この時のキーワードが「リアルタイムフィードバック」と「レーティング廃止」です。

「リアルタイムフィードバック」とは、社員の目標設定や評価のプロセスを年次よりも短いサイクルにすることで、働きに対するフィードバックをよりタイムリーに行う考え方です。マイクロソフトでは四半期（3か月）に一回、目標設定（見直し）とフィードバックのための公式な面談がセットされると同時に、毎月、上長との面談がセットされ目標への進捗状況を共有します。

フィードバックの観点も大きく変わり、従業員のランク付けが廃止されると同時に、個人の成果よりもチームや全社への貢献度合いがより重視されるようになりました。そこでは他のチームメンバーや、他の部門のメンバーを巻き込んで、良いコラボレーションができたか、また逆に他者の取り組みに協力して、成果をあげることにどれだけ貢献したかが問われます。

このような「リアルタイムフィードバック」と「レーティング廃止」を軸とした人事制度の改革は、マイクロソフトだけでなくギャップやGE、ジョンソンエンドジョンソンといった多くのグローバル企業で採用されています。[※9]

レーティングが廃止されると報酬（昇給や賞与）の配分を人事部などが中央集権で管

※8…『ハーバードの個性学入門（邦訳版）』（トッド・ローズ、早川書房）
※9…『人事評価はもういらない』（松丘啓司、ファーストプレス）

理することは難しくなります。これらの配分は現場のマネージャーが与えられた枠の中で自律的に判断できる仕組みに移行するケースが多いようです。この他、同じ職種の同じ職位であれば能力にさほど差がないと割り切ってしまって、昇給率を一律にしてしまうケースもあります。

なお、これらのリアルタイムフィードバックを導入した企業でも、報酬への反映タイミングについては、これまで通り年1回〜2回ということが多いようです。一方で、パタゴニアや米国の百貨店であるメイシーズのように、成果をあげた直後に報酬反映を行う「リアルタイム性」を重視する事例が登場しています。※10

人事部門の役割も変わる

人事は今後、このような考え方の変化に対応した制度設計が求められます。社内にいくつかの異なる制度が混在する企業も増えるでしょう。事業体ごとに置かれた状態は異なり、必要な人材や求められる制度の姿も異なるためです。さらに人材市場の変化も速くなり、その時点でほしい人材を入社させたいと思えば、報酬体系の変更といった大胆な決断を瞬時に下さないといけない局面も増えます。

こうなると人事の主役はもはや人事部門というよりも、各事業体のリーダーに移ります。事業の特性と状況を理解して、求める人材像を明らかにしつつ、素早く意思決定できるのは現場のリーダーだからです。ここでも現場への権限委譲は避けられないことが分かります。

ただ、人事制度設計に慣れていない各事業体のリーダーが、独力でしっかりした仕組みを構築することも困難です。人事部門は各事業の特性と人材に対する要求を理解した上で、人事のプロの観点から制度設計を支援する難しい役回りを要求されるようになります。

人事というと社内の管理機能の一部で、社外との接点は限定的という印象もありますが、そのようなことはありません。人の在り様はビジネスアジリティの根幹でもあり、この〝人〟を扱う人事部門はビジネスアジリティでは大切なプレイヤーです。人事部門こそ積極的に社外に出て、市場と社会の変化の中でどのような人が求められているのかを肌で感じる必要があります。人事関連のテクノロジーへの適応も進めなくてはいけません。これからの人事部門は、ビジネス部門と一体となってビジネスアジリティを高めていく重要な役割が期待されています。

※10…DIAMONDハーバードビジネスレビュー2018年7月号より

Column

投資の柔軟性を広げる新たな考え方

第五章では企業オペレーションの現場におけるアジリティの実践の姿を解説しました。企業オペレーションではさまざまな局面で投資判断が生じますが、この投資判断の手法にも変化に適応することを主眼に置いた新たな考え方が登場しています。このコラムでは近年の投資判断で注目される「リアル・オプション・アプローチ」という考え方を紹介します。

リアル・オプション・アプローチとは

投資の判断にはさまざまなものがあります。新規事業の開始だったり、工場のような大きな設備の導入だったり、M＆Aだったりします。先の見通しをしっかり立てることが難しい時代においては、経営者としては「もし想定が外れて、投資が上手くいかなかったら、どうするのか？」ということも考えておかなければなりません。

この点に関して、近年注目されている考え方が「リアル・オプション・アプローチ」です。投資評価手法の一種ですが、もともと金融商品における「オプション」を現実世界（リアル）の不動産やプロジェクトの評価手法として適用したことで「リアル・オプション」と言われます。本来の理論は複雑な数式も登場する難解なものですが、理論の詳細はここでは説明を省きます。古くからある考え方ではありますが、経営全般の意思決定の考え方として注目されるようになったのは比較的最近です。

リアル・オプションを簡単に説明するとこういうことです。ある事業計画は1億円の投資に対して3年で5億円の収益が見込まれます。これをプランAとします。もう一方の事業計画は1億円の投資に対して3年で3億円の収益しか期待できません。これをプランBとします。プランBは、プランAに比べて収益性は低いですが、投資した設備は他の用途への転用ができたり、設備の資産価値が高く、この先も高値で売却したりすることが可能です。これに対してプランAの収益性は高いですが、投資した設備は事業が失敗した際にはそのまま不良資産となる可能性が高いプランです。

もし環境が変化し当初想定した計画通りに物事が進まなくなった場合のことを考えると、計画通りに進捗した際の収益性では劣りますが、環境変化時の選択肢（オプション）が豊富なプランBの方が安全で、優れたプランだと考えることもできます。

過去の投資評価手法は、事業計画そのものの前提が大きく崩れることがない中で、将来受け取れる収益を現在の価値に換算して計算するNPV（正味現在価値）法や、将来の利回りを計算するIRR（内部収益率）法といった考え方が主流でした。しかし、この例のように複数の事業計画の中から、収益性や利回りだけでなく、前提事項に何らかの変化が起きた際の計画変更の柔軟性や、影響軽減策の多様性などを総合的に判断して投資を決定するのがリアル・オプション・アプローチ（リアル・オプション理論、もしくは単純にリアル・オプションとも）と言われる手法です。この手法における選択肢の例はさまざまなものがあり、表5－5のようなものが代表例です。

近年の経営では、アウトソーシングやクラウドサービスといった、資源を自社では保有せずサービスとして活用する手法が盛んになっていますが、これもリアル・オプション・アプローチ

5-5　オプションの種類

オプションの種類	説明
延期オプション	環境変化や新たな決定材料が登場するまで、決定を保留できる
段階オプション	投資を一括ではなく段階的に行うことができる
拡大オプション	生産や販売などの規模を柔軟に拡大することができる
縮小オプション	生産や販売などの規模を柔軟に縮小することができる
撤退オプション	事業からの撤退が容易で、資産の残存価値を回収できる
転用オプション	環境変化に際して、他の事業や商品構成に転用できる
成長オプション	ある投資が、将来の別の領域への投資機会につながっている

の延長線上にある考え方です。かつての〝土地神話〟の崩壊のように、変化が激しい時代においては、所有している資産が価値ではなく、むしろ負債リスクとなる可能性すらあります。このようなサービスを活用することで、はじめから資産をすべて準備するのではなく少ない量から借りることができますし、規模の変更も容易になります。これらの判断は段階オプション、および拡大・縮小オプションの行使と考えることができます。

多くの場合、アウトソーシングにしてもクラウドサービスにしても、その価格は、自社で同じ規模の環境を、一定の期間を越えて用意した場合に比べて安くはありません。それでも将来にわたってその資産が安定的に活用できる見込みがない場合は、途中で打ち切れるこれらのサービスの方が安全です。このように資産や資源は「所有する」のではなく、必要な時に必要な分だけ「借りる」という考え方は今後、ますます注目されていくでしょう。

それまで弱みだと思っていた資産が強みに

リアル・オプションの話を聞くと、私は自社の過去を思い出します。2008年のリーマンショック後の不況下では、LTSも大変厳しい時期を過ごしました。当時、チェンジマネジメント[※11]の専門会社だったLTSは仕事が急減しました。当時の販路はかかなりの部分を、他のコンサルティング会社や大手システム開発会社に頼っており、それでなくても変革案件自体が減る中、これらの販路上の会社が不況下でチェンジマネジメントの作業を内製に切り替えたためです。

ただ、LTSの売り物は人です。特定の用途にしか機能しない機械設備と違って、人はさまざまな業務に柔軟に従事することができます。幸いなことに、当時のシニアマネージャー層は前職でチェンジマネジメント以外のさまざまなコンサルティングサービスの経験がありました。シニアマネージャーたちは手分けして、自分の経験が活かせる案件を開拓し、苦しい時期を乗り切りました。この時に広げたサービスの構成は、今のLTSのサービスの原型にもなっています。

2007年までのLTSは、むしろ育てることに時間がかかる、人が中心のサービスであることで、より高い成長率と収益を望む投資家からは厳しい評価をもらうこともありました。お客様に安定してサービスを提供できるコンサルタントの育成は、決して簡単ではありません。サービスの複製が容易で、短期間で売上が何倍にもなることも珍しくないデジタルサービスなどと比べると、市場の評価では見劣りしていたのです。

しかし成長率や収益性は十分でなくても、転用可能性の高い資産を持っていたことが

LTSを救いました（転用オプションを持っていたと言えるでしょう）。当時の私たちが、リアル・オプション・アプローチという考え方を知っていたわけではありませんが、結果的にLTSはアジリティのある経営をしていたわけです。

リアル・オプション・アプローチは単純にリスクを軽減するというだけでなく、投資の新たな可能性を見出す側面があります。LTSでも一連の取り組みを通じて、さまざまなサービスに対応できる高い能力を持った人材こそが資産だという考え方が強くなりました。リアル・オプション・アプローチは、投資の可能性をさまざまな側面から評価することで、それまでの一面的な投資の考え方では見出せない、資産の新たな可能性を見出すことができます。

※11…大規模な企業変革において社員に変革意義を説明したり、新業務のトレーニングやマニュアルの提供を行ったりする定着化のための一連の活動。

第六章

フラット化する組織

～サイロを越えて連携するネットワーク型組織へ～

ここまで企業活動におけるさまざまなアジリティの考え方について紹介してきました。お気付きかと思いますが、ビジネスアジリティの議論は最終的にいつも人と組織の在り方に行きつきます。ここから先はこの二つの要素について掘り下げていきたいのですが、第六章ではまず「組織」について考えます。

組織は階層型から、よりフラットなネットワーク型へ

米国にモーニング・スターという会社があります。世界最大のトマト加工業者で、米国で消費される角切りトマトやトマトペーストの40%を供給しています。ですから、米国でピザやトマトケチャップの入ったハンバーガーなどを食べたことがある人なら、おそらく誰もがこのモーニング・スターのトマトのお世話になっています。この会社の組織運営にはいくつか大きな特徴があります。一言でいえばこの会社には上司がいません。

上司のいない会社

モーニング・スターの従業員数は閑散期で400人、繁忙期で2400人にもなり

ますが、組織構造は完全にフラットで、従業員は皆、対等です。上司がいないので業務命令（指示）はなく、仕事の指針は自分で考え、連携先となる周囲に宣言します。

例えば畑からトマトを運ぶトラックの運転手であれば、他のトラックドライバーはもちろんとして、畑でトラックにトマトを積む担当者や加工場での荷下ろしの担当者と連携することになります。組織図もなく、各個人が自らの意思に基づいて、為すべきと思ったことを、仕事上関係する先と自由に連携しながら実行します。給与の決定は連携する社員からの評価に基づいて行われ、経費も各自の判断で自律的に執行することができます。[※1]

このような組織形態を一般に「ネットワーク型組織」と呼びます。「ティール」や「ホラクラシー」と言われる組織形態も、このネットワーク型組織の一部です（ここではこれらの組織形態を総称してネットワーク型組織としています）。靴のオンライン通販会社であるザッポスもネットワーク型組織（ホラクラシー）を採用している企業として有名です。同じネットワーク型組織でも、評価の仕組みがあったりなかったり、行動単位として

※1…ここでのモーニング・スターの事例は主にDIAMONDハーバードビジネスレビュー2012年4月号の「First, Let's Fire All the Managers（Gary Hamel）」を参照しています。ただ従業員数や市場シェアなど一部の記載については、より最新の情報が記載されている『ティール組織』（フレデリック・ラルー、英治出版）を参照しています。

のチームがある組織もあれば、完全に個人単位で連携する組織もあったりと、さまざまな形態があります。それでも総じて組織に階層構造がなく、従業員の関係性が対等であることは共通しています。

このネットワーク型組織に対して、経営者を頂点に部や課といったさまざまな単位のチームとチームリーダー（管理職）を挟んで、一般従業員がピラミッド状に連なる組織形態を「階層型組織」と呼びます。図6－1は、この階層型組織とネットワーク型組織の違いをまとめたものです。企業だけでなく、官公庁やNPOにいたるまで世に存在する大半の組織は、階層型組織です。ところが現在の経営環境では、この階層型組織の限界が見えはじめています。

意思決定の精度とスピードを重視すると組織はフラットになる

近年の経営では「階層を減らして、組織をフラットにする」ということが盛んに言われます。なぜなら組織の階層が深いと判断のスピードが遅く、不正確になるからです。

階層型組織における上位者（部門長や経営者）の最大の仕事は意思決定です。最上位にいる経営者が意思決定を行うには、現場から部門長などの中間管理職を通じて情報

6-1　階層型組織とネットワーク型組織の違い

階層型組織

・指示と報告の系統が階層上に積み重なり、最終的に一人(ないし少数)に帰結する。
・原則として下位の人は上位の人の指示・承認の範囲内で活動する。

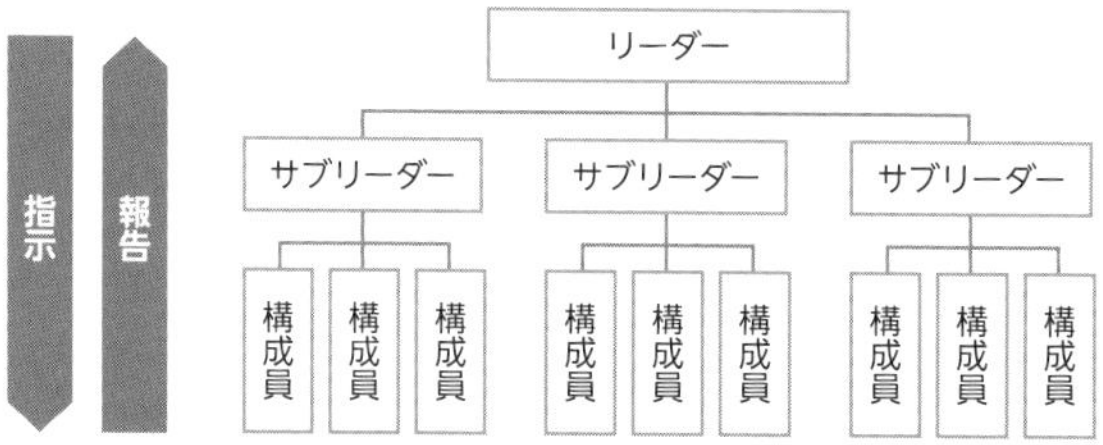

ネットワーク型組織

・人がネットワーク状に連なり、それぞれが対等な関係で活動する。
・ビジョン(ミッション)に照らして個々人が自律して活動し連携する。

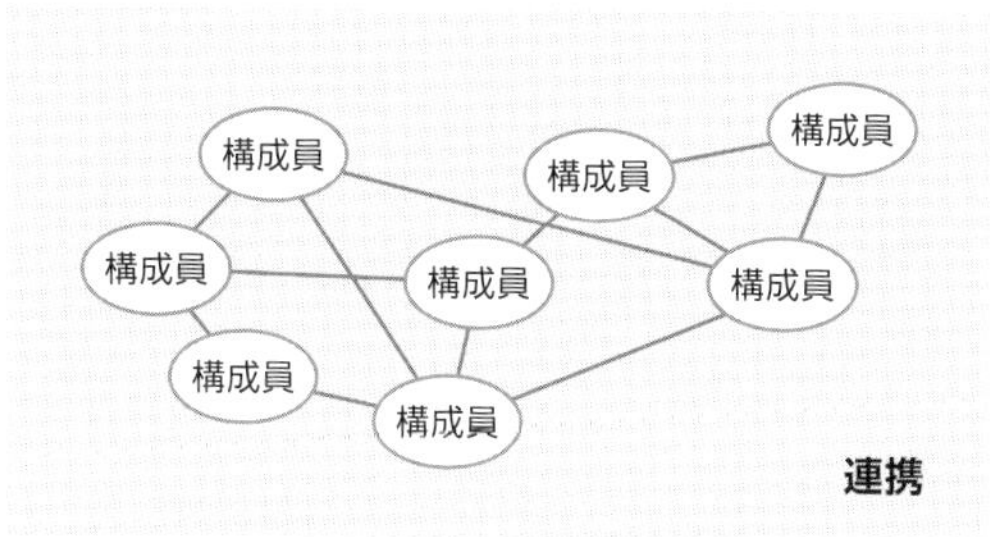

が上がり、それを経営者が検討して意思決定を行います。そしてその決定結果はまた管理職を通じて現場に下ります。当然のことながら、情報の伝達には時間がかかりますし、忙しい部門長や経営者がその事案の検討に時間を割くことができるタイミングまで待つ必要が生じることがあります(例えば月一回の経営会議まで重要な決定がなされないといったケースです)。

このような意思決定の遅れは、変化が激しい時代においては致命的ですが、それ以上に問題となるのは意思決定が不正確になることです。情報が階層構造を上り、そして下る過程は壮大な伝言ゲームです。伝わる情報は曖昧になり、伝達者の誤解や主観も紛れ込みます。また決定者が組織構造の上位者となればなるほど管轄する領域は広くなり、情報量は指数関数的に増えます。人間が処理できる情報量には限界がありますから、上位者ほど飽和する情報量に圧倒されることになります。

その結果、現場から上がる情報を意思決定者が理解しきれず、ただ言われるままに承認するだけになったり、逆に「予算がない」といった杓子定規な決定基準で否認することになったりすることがあります。また、現場は上位者に意思決定をしてもらうために、情報を分かりやすく整理することに膨大な労力を割かなくてはなりませんが、これも時間を浪費する一方で、正確性を削ぐ要因となります。

意思決定は、原則として決定に必要十分な情報を、正しく理解できる階層で行うことが最適となります。かつて、経営環境が今ほど複雑でなかった時代は、少数の優秀な経営者の判断に組織全体が従う方が効率的だったのかもしれません。しかし、今のような複雑な環境においては、同じようには行きません。

第二章で説明した事業創造の場でも、これからの事業は経営者の指示で各事業部門が動くのではなく、顧客接点に近いところに組織されたクロスファンクショナルチームが、自律的に意思決定を行っていく流れになると紹介しました。このように意思決定の精度とスピードを重視すればするほど、現場を信じて権限移譲を行う必要が生じます。そうなると必然的に管理職の存在意義は失われていき、究極的にはモーニング・スターのようなネットワーク型の組織が生まれるわけです。そうなるともはや〝権限委譲〟ですらなく、権限はすべての社員が共同保持していることになります。

組織階層が個人の視野を狭め、学習機会を奪う

変化の速い時代における階層型組織の問題点は、ここまで説明したような意思決定のスピードと精度の不足に力点を置いて説明されることが多いようです。ただ、組織の階層構造がもたらす弊害は、意思決定プロセス上のものだけではありません。それ

は、「階層が序列を持ち人々を分断する」ことと、「部門の壁が人々の視野と関心を狭めてしまう」ことで、このようなことは社員の自律を決定的に妨げてしまいます。

まず「階層が序列を持ち人々を分断する」から考えてみましょう。現代の社会では、組織がどのような構造を持っていようと、本来そこに集う人々は原則として同じ人間であり対等な関係であるはずです。しかし、現実に社長と一般社員が思ったことを自由に言い合うことは簡単ではありません。もしそれを実現しようとすれば、通常は一般社員側が相当な勇気を必要とします。多くの人は組織の階層構造に何らかの序列を映しとってしまいます。組織構造の下位者は「意見を述べさせて頂く」ことはできますが、決定権限は上位者にあり、そもそも意見を言ってよいのか自体が上位者の意向に左右されてしまいます。優秀な経営者の条件として「社員が自由に意見を言うことのできる雰囲気を醸成していること」といったようなことが言われますが、これは逆に、意見を言えないのが普通だという認識の表れでもあります。

このような階級意識は必然的に人の役割にある種の枷《かせ》をはめてしまいます。「上の人が決めたのだから仕方ない」というように、経営判断は経営者の仕事で、自分たちは言われたことを実行すればよいというような考え方が当たり前になってしまうのです。これでは現場で自律的に判断しようとする主体性は育ちません。そして、そのような中から次世代のリーダーが生まれることもないでしょう。

次に「部門の壁が人々の視野と関心を狭めさせてしまう」についても考えてみます。ある企業の取締役の方と話していた際に「うちの情報セキュリティ室は、〝会社がつぶれてもうちのセキュリティは安全です〟というような姿勢で困っている」と仰っていました。情報セキュリティリスクへの対策だけを考えるなら、対策はなんでも行うにこしたことはありません。そのため、情報セキュリティ室は社内のルールをどんどん厳格化しようとします。業務効率が下がるビジネス部門からは怨嗟《えんさ》の声が上がりますが、その声は事故を起こさないことが評価基準である情報セキュリティ室には届かないというわけです（あくまでもこの会社の話で、すべての情報セキュリティの担当者がこうだというわけではありません）。

このような話は企業内にあふれています。見せかけの生産性（時間あたりの生産量）を気にして在庫を積み上げる生産部門、サービス部門の余力を考えず無理な受注をする営業部門と、言い出したらきりがありません。さまざまな専門性で区分された企業の各部門は、判断基準も情報も自部門の視点に偏りがちになり、「自分のことはよく見えるが、他人のことは分からない」という状態になってしまうのです。また、基本的に各部門のリーダーは、管轄部門の利益や評価を最大化しようと振る舞います。このような認知の壁と、自チーム中心的な動きの結果、いわゆる「部分最適」が生じるわけです。私はさまざまな企業変革手法の中でもビジネスプロセスマネジメント（BPM）という業務を変革する手法の専門家ですが、私たちが全体最適のプロセス変革を行う時も、常にこの部門間の利害の壁が立ちはだかります。

先ほどの階層による役割の序列化が人々を上下の階層で分断してしまうのだとすれば、部門の垣根を越えて全体を理解しようとしないことは、組織を左右の垣根で分断していると表現することができます。このように視野が自らの狭い範囲に限られてしまい、本来同じ目標を共有するはずの他者と連携ができなくなってしまうことを一般に「サイロ化」と呼びます。

サイロ化は組織内の人々を協調ではなく対立構造にさせてしまい、組織のアジリティを大きく低下させてしまいます。ネットワーク型組織は、序列を生んでしまう階層を可能な限り取り除くと同時に、チーム間の壁にとらわれず連携が必要なすべての人と接触できる権利を保障することで、個人の自律性を高めるのです。

無視できない階層型組織のメリット

ここまでの説明だと、今の時代においてはもはや、階層型組織は完全に時代遅れのようにも感じます。確かに高いアジリティを目指す組織はどこも、階層を減らしたフラットな組織を志向しています。しかし、それでもこの世界の大半の企業は（程度の差こそあれ）階層型組織を採用しており、ネットワーク型組織を志向する企業の中でも、一部に階層型の組織構造を残している企業は少なくありません。そこには階層型組織ならではのメリットもあるからです。この理由を見ていきたいと思います。

緊急時には強いリーダーシップが必要になる

本来、階層型組織における階層の意図は、情報を上位者に集約した上で、全体最適で意思決定を行い、その結果を効率的に組織全体に伝えることです。この特性は即座に組織全体の方向転換を行わなくてはならない局面においては、大きな強みを発揮します。例えばリーマンショックのような急激な市場の冷え込み、3・11（東日本大震災）のような大規模災害、新型コロナウイルスのような未知の感染症の流行、さらには経営危機のような現行ビジネス全体にメスを入れなくてはならないような事態がこれにあたります。

自律した個人の対話を重視するネットワーク型の組織は、このような影響範囲が広い意思決定を迅速に行うことは、あまり得意ではありません。ネットワーク型の組織では構成員のコミュニケーションを極めて重視します。しかし、この構成員のコミュニケーションのパス（経路）は組織規模に応じて指数関数的に増大します。

例えば10人の組織のコミュニケーションパスは45通りですが、これが10倍の100人になると4550通りとなり、パスの数は100倍になります。[※2] 現実にはそれぞれの構成員が他のすべての構成員とつながる必然性はないのでこれほどのパスの数になりませんが、大規模な組織ほどコミュニケーションが複雑になるのは間違いありません。小さな組織であれば関係者間のコミュニケーションで即座に方針を決めることも可能かもしれませんが、一定以上の規模になると緊急時に多くの関係者が集まって討議をしている時間はないかもしれません。

そもそも、普段は自らの専門性を活かして自律的に行動できている担当者も、さきほど紹介したような自らの専門性が及ばない事態に対しては必ずしも判断の基準を持っていないこともあります。このような場合は、特定の人の意思決定に組織全体が迅速に従わないと手遅れになってしまう可能性もあります。

ですから、ネットワーク組織でも、各持ち場で通常のオペレーションを担当する社員よりも広い目線で、このような市場・社会の環境や組織ネットワーク全体の状況をチェックし、何らかの提言を行う社員は必要になります。※3 提言の結果、本当に緊急時であると判断した場合には、一時的に普段の自律性に任せた意思決定スタイルを停止する運用が必要となることもあります。もちろん、特定のリーダーに意思決定を委ねることは、そのリーダーの判断が間違っていた際には、組織全体をリスクにさらすことにはなります。しかし「誤った決断は、決断しないことよりもまし」という言葉※4 があるように、精度を欠いても迅速な決断が求められる状況は確かに存在します。

このような緊急時の状況判断と意思決定の〝最後の砦〟として組織全体に強い影響力を持つリーダーシップの存在はおろそかにはできません。もともと階層型組織にお

※2…コミュニケーションパス数はN（n-1）／2という簡単な公式で算出できます。Nに組織の人数が入ります。

※3…ただしネットワーク型組織におけるこのような影響範囲の大きいメンバーの存在は、それが組織における上下関係に転換されたり、緊急時に一時的に認められた影響力が必要を超えて行使されたりしないように、細心の注意を払った運営がされます。なお、この「市場・社会の環境や組織といったビジネス全体の状況をチェックし、組織に対して何らかの対応を提言する社員」はCEOや、創業者が担っているケースが多いようです。

※4…米国の第26代大統領であるセオドア・ルーズベルトは「どんな決断のときも、あなたにできる最善のことは正しい決断である。次に最善なのは間違った決断である。最悪なのは、何も決断しないことだ」と語ったと言われています。

ける階層とは、管轄する情報の範囲（広さ）を表したものです。上位層はさまざまな情報を元に大局的な判断を、現場は個別に違う状況に応じた細やかな判断を行うための役割分担として階層が存在しています。現実には既に説明したように、上位層が不必要に現場の判断を制限してしまったり、組織階層が人の〝上下〟や〝部門の垣根〟のような不必要な障壁をもってしまったりという弊害が生じてしまいがちです。ただそのような弊害を除去できれば、組織全体に目配りをし、いざという時の拠りどころとなる組織長の存在は捨てたものではないのです。

階層関係が人を守り、育てる

ここまで説明した「瞬時の組織全体の方向転換」という観点と並ぶ、階層型組織のメリットが人の育成に適していることです。個人の自律性は瞬時に身につくものではありません。ティール組織やホラクラシーの事例を聞いてネットワーク型組織に興味を持った経営者が、このような組織形態にすぐに移行させてしまい失敗するケースは少なくないのです。

突然、従業員に「自発的に動いてよい」と伝えても、それまで経営者や管理職の指示で動いていた従業員は何をすればいいか悩んで右往左往してしまいます。また、管理職も自分の役割を見失い、混乱してしまうでしょう。結局、皆が自律的に動くためには、そのための姿勢と能力を身に付けるための仕組みや、能力獲得までの一定の時間が必要なわけで、これを考慮していないために失敗してしまうのです。

仮に組織が一定の移行過程を経て、従業員全員が自律した姿に変化することができたとしても、組織には新卒採用や中途採用でさまざまな人が流入します。特に日本は、学校教育の卒業者に社会人としての基本的な訓練を施し、自立[※5]させる役割は（大学などの教育機関よりも）企業に期待されている側面もあります。十分な専門性を持った中途採用人材であっても、ネットワーク型組織の動き方に慣れた人材ばかりではないですし（というよりそのような人材は稀有というべきでしょう）、新しい組織で自律的に活動するためにはその組織内の人脈（ネットワーク）を構築するなど一定の準備期間がかかります。

さらに言えば、人は常にベストコンディションでいられるわけではありません。体調を崩したり、家庭に何か事情を抱えたりといったことも当然あります。こうなると普段は自律して活動できている個人が、一時的にその自律性を失うこともあります。

※5…ここでは「社会の中で、自分の力で生きていける」という意味で「自立」としています。

自律未満にある個人や、自律性が一時的に後退した個人に対しては、誰かが指示や指導、時に保護を行う階層的な関係の方が効果的な局面があります。階層型組織における各部門はこのような人々の受け皿として機能します。

すべての構成員が常に自律して動くことができるのであれば、ネットワーク型組織は十分に機能するかもしれませんが、その実現は簡単ではありません。仮に組織をネットワーク型組織に移行させるとしても、その移行過程は段階的なものにならざるを得ず、長い時間がかかります。

また、社会により多くの価値を提供しようとすると、企業がその規模を大きくしていく（＝成長していく）ことは必然ですから、常に新たな仲間を迎えていく必要があります。結果的に、企業には常に〝自律未満〟の人々が流入してきますし、そもそも企業にはこのような人々を自律に向けて支援するミッションも負っています。そう考えると組織内に一定の階層関係で、人を育てていく仕組みが必要になります。

これについては、ネットワーク型組織の提唱者も、組織内になんらかの階層関係が生じることは認めています。多くの人から高い信頼を集める人は必然的にリーダーとして認知されます。自然にリーダーと他のメンバーとの間にはある種の階層が生じますし、指導する側とされる側との間にも一定の階層的な関係が生じます。これらの階層は公の組織図やルールによって規定されるものではなく、あくまでも本人の姿勢と能力、そして周囲からの信頼によって自然に形作られるものです。とはいえ、このような信頼関係の構造と組織の構造にズレがなければ、階層型組織かネットワーク型組織かという組織構造の議論はさほど本質的ではないとも言えます。

階層型とネットワーク型、双方の長所を活かすことは可能か

組織のアジリティを高める上で決定的に大切なことは、組織に所属する個人が自律していることです。構成員の自律性が高い組織では指示命令系統を持つ必然性が薄れるため、ネットワーク型を志向するようになります。一方で、構成員の自律性が低い組織では、誰かが上位で指示や判断を行い、構成員の活動や成長を支援する必要が生じるため、階層型の構造となります。

ですから、アジリティの根幹は、組織全体のビジョンに合意した上で、広い視野でサイロを越えて連携する意識と能力を持った〝自律した個人〟(＝自律型人材)の獲得となります。この自律型人材の集合体としての理想的な組織形態はネットワーク型組織ですが、逆に自律型人材を生み出すための土壌としては階層型組織にもメリットがあ

ります。実際、アジリティの研究家の中にも個人の自律と階層型の組織形態は必ずしも矛盾しないとする専門家もいます。[※6]

この時、現状のほぼすべての企業が階層型組織であることを考えると、一足飛びにネットワーク型組織を目指すよりも、まずは階層型組織をある程度前提にしつつも、よりフラットで、自律した個人がサイロを越えて連携できる組織を目指す方が、より現実的な取り組みであるとも言えます。

では、この二つの組織形態をミックスした組織とはどのようなものなのでしょうか。既に説明したように、階層型組織の最大の問題は、組織をより細かい小組織（＝チーム）に分断してしまい「サイロ」

6-2　通常の階層型組織の例

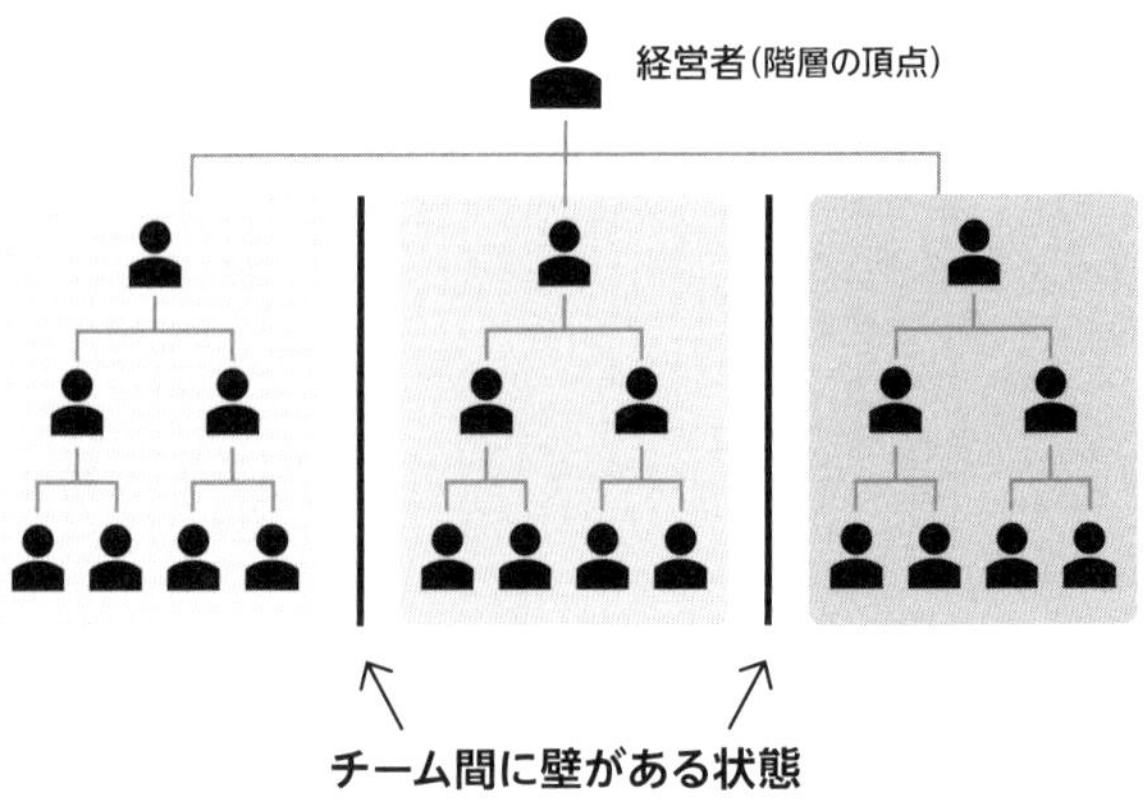

を生み出すことです（ここでは「部」「課」といった部門を「チーム」と表現します）。この時のチームは、イメージとしては図6－2のような状態にあります。

大切なのはチームがサイロを越えてしっかり連携できることです。この時に鍵となる役割はチームのリーダー層で、通常の会社組織であれば部課長のような管理職や、業務に熟達したベテランたちがこれにあたります。このようなチームリーダーほど、その人脈と知見は外に広がり、周囲と連携する意識を持たなくてはなりません。チームに入って間もない人や、経験の少ない人ほどネットワークが育っておらず、必然的に連携範囲が狭くなります。ですから、リーダー層が他

6-3　階層型とネットワーク型のハイブリッド組織の例

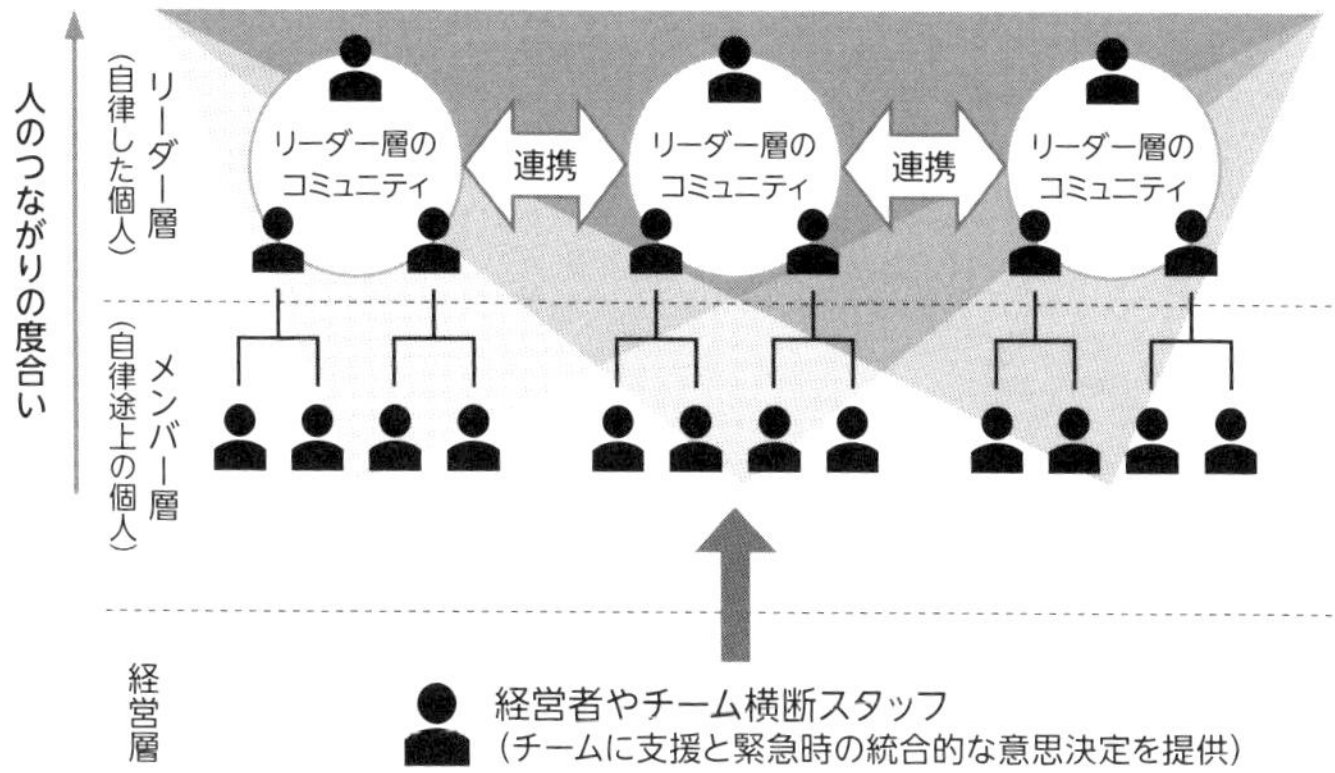

の部門の担当者や社内外の専門家への案内役となり、チームのメンバーの視野、能力、人脈を広げていくわけです。この時の組織のイメージは図6－3のようになります。

ハイブリッド型の組織では各チーム内での人の関係性は階層型の部分は残りますが、組織の上位層ほど、その関係性はネットワーク型組織に近いものになります。経営者は組織図上、これらのチームリーダーたちをまとめる立場となるわけですが、事業の主体はあくまでも各チームです。第二章では経営者の役割は事業リーダーを支援することだと説明しましたが、このような組織形態における経営者は強権的な統治者ではなく、各チームの後ろ盾として振る舞うことになります。また、各事業の支援と同様に重要な経営者の仕事は事業の開始・撤退の判断を行うことだとも説明しましたが、この役割は先ほど説明した〝意思決定の最後の砦〟の姿と重なります。このような階層型とネットワーク型のハイブリッド組織が、現在階層型で運営されている組織が目標とする、当面のアジリティの高い組織の姿ではないでしょうか。

サイロを越えて連携していく社員を育てるために

この先の組織運営のテーマは、組織に自律した個人を生み出し、サイロを越えた連携を促していくことです。これは完全なネットワーク型組織であったとしても、継続して取り組む必要があります。ネットワーク型組織において一人一人の社員が他者と連携する意識を持てなければ、チームという連携単位が曖昧な分だけ、むしろ階層型組織よりも連携が不十分な組織になってしまう可能性すらあるからです。社員が境界を超えて周囲の人々と連携できる組織を作るには、さまざまな仕掛けが必要になるわけですが、それはどのようなものでしょうか。

組織を見つめる視点を〝縦〟から〝横〟に広げる

階層型組織では、人は組織を縦の階層で見ています。自分が所属する課があり、その上に部があり、その上に担当役員がいます。人間関係も上司と部下という、文字通り上下の視点で見ているわけです。しかし、本来、仕事とは横の連携でなされるものです。調達から生産、物流、販売をつなぐサプライチェーンや、マーケティングと製

※6…例えば大規模システム開発向けのアジャイル開発方法論であるＳＡＦｅ（第四章コラム参照）は、階層型組織のメリットを重視した方法論となっています。ネットワーク型組織の考え方が主流のアジャイル開発のコミュニティではこの方法論に批判もありますが、ＳＡＦｅを支持する人たちはビジョン自体を全員で共有しつつも、影響範囲の広い意思決定を上位階層が行い、現場に即した意思決定を下位階層が行うことは、個人の自律の原則とは矛盾するものではないと主張しています。

品開発、そして生産をつなぐエンジニアリングチェーン、さらには店舗、ネット、コンタクトセンターといった顧客接点の連携と、さまざまな業務が連携してネットワークでお客様に価値を届けています。

サイロを越えて連携していくためには、このビジネスプロセスの連携構造、いわゆる〝End to End〟のプロセスを眺める視点を持つ必要があります。その中で自分自身がどのような役割を担い、誰と連携すべきかを理解しなければなりません。さながら会社を世界地図のような広大な世界に見立て、自分自身がどこで何を行っているかを認識するとともに、関係する他の社員がどこで何を行っているのかも理解するのです。このような仕組みを基盤として、お互いの役割を調整していくことは、サイロを越えた連携を実現する上で必ず必要となるステップです。

冒頭で紹介したモーニング・スター社では、全社員がCLOU[※7]と呼ばれる自らのミッションの宣言書を書きます。この中で、自らの役割や管理指標、達成したいと思っていることを自分の意思で詳細に記し、これをビジネスプロセス上で関係する他の社員に宣言します。通常の会社では宣言する対象は上司ですが、モーニング・スターに上司はいません。あくまでもプロセス上で関係する周囲の社員に宣言するということがポイントです。

この時、社員はお互いにCLOUに対してフィードバックし合い、お互いの役割の隙間を埋めるべく調整します。ですからCLOUの仕組みは、お互いの仕事への理解と敬意がなければ成り立ちません。必然的にCLOUで結ばれたお互いのミッションの構造は、必然的に全社のビジネスプロセスの構造をなぞる形になります。

このような取り組みを進めるためには、第三章や第四章で紹介したビジネスプロセスやITのビルディングブロックの構造理解が必須になります。こうしたこともあって、ビジネスプロセスマネジメントのコミュニティでは、以前からネットワーク型組織の在り方が研究対象となっていました。企業組織を業務の連鎖で捉えるビジネスプロセスマネジメントの考え方は、ネットワーク型組織の考え方ととても親和性が高いためです。

ビジネスプロセス上で関わり合う各領域の担当者は、お互いに話をしたいときにいつでも気兼ねなくアクセスできるようになっていなければ、効果的に連携できません。

※7…CLOUとはColleague Letter Of Understandingの略で「仲間たちへの覚書」と訳されます。

第三章に登場したMonotaRO社の事例はお互いの業務を理解する場としてだけではなく、普段は顔を合わせることのない担当者間の関係を構築し、組織のトランザクティブメモリーを育てるための取り組みでもあります。

現場の担当者を信じて仕事を任せていくと言っても、担当者に十分な判断能力が育つまで当面の間は上司が最終的な決裁権を持ったり、コミュニケーションを仲介したりする場合も多いでしょう。ただこの時も、上司はコーチとして振る舞う必要があります。一方的に指示や命令をするのではなく、問いかけを通じて担当者の判断力を育て、自律型人材に導いていきます。そして徐々に調整や判断における上司側の出番を減らし、権限委譲を進めていきます。このような横の連携を強くする一方で、縦の依存関係を減らしていくことが、サイロ打破の原則となります。

チーム目標の達成以上に、組織全体の成果を共有する評価を

組織を見つめる視点を縦から横にしていくと、これまでの組織運営の常識のままでは困ることが出てきます。その最たるものが、従業員の処遇と評価です。これまでの企業は人を階層で管理し、階層ごとのリーダーの職位に応じた待遇（給与や賞与）を提供してきました。しかしこのような運用は、フラットな組織では難しくなります。

まず階層が少ない（もしくはまったくない）ので、社員に多くの職位を用意できません。待遇が職位に紐づいている場合、職位を用意できないと社員に高い待遇を設定する根拠がなくなってしまいます。このため過去の日本企業は、「課長補佐」や「課長代理」といった、正式にその職位になくても同等の職位を用意することで、待遇を保証してきた経緯もあります。これまで階層型組織における〝キャリア〟とは、おおよそ階層を駆け上がることを意味していたわけですが、この常識が通用しなくなるわけです。

ですから、よりフラットに組織を運営しようと思えば、まず職位と待遇を切り離す必要が生じます。私たちコンサルティング会社は伝統的にこのような運営形態をとっていました。高いスキルレベルのコンサルタントがいても、必ずしも「部長」や「課長」のような組織長であるとは限りません。

私の所属するLTSの例では同じスキルレベルのコンサルタントの中に、組織長を担う人もいれば、そうでない人もいます。各コンサルタントの処遇は職位ではなく、それぞれの目標に対する成果や、保持しているスキルで評価され、組織長のポジションはあくまでも組織運営上の役割の一つとして認識されています。組織の階層構造と待遇を切り離し、社員の働きに対しては、職位ではなく待遇で報いる考え方に移行できれば、たくさんの職位を無理に作る必要はなくなるわけです。

この社員の待遇を決める上で重要になるのが人事評価の在り方です。ここでもフラット化とネットワークでの連携を意識した工夫が必要になります。第五章では人事評価の観点を個人間の競争から、チームへの貢献度合いに移行させる流れを説明しましたが、その流れはこのような背景から生まれています。

ただ、評価単位となるチームの単位をあまり細かくしてしまうと、やはりサイロ化が進む温床となります。売上だけを目標として課された営業担当者が、生産余力やサービス担当者の負荷を考えずに受注に走っているにもかかわらず、営業チーム内では評価が高いといった状態が分かりやすい例です。ですから、チームの目標は、自チームの目標達成への貢献はもちろんですが、組織全体として大きな成果を生み出すために、時には自チームの活動を脇において、他チームの活動に貢献した人もしっかり評価できる仕組みであるべきです。そうなると、広い範囲での連携が期待される上位層ほどその評価基準は部門内に閉じず、全社の業績指標や活動成果を共有する形になります。

このような観点を突き詰めていくと人やチームの評価を分かりやすい数字だけで評価しようとすることに無理が生じます。仕事の成果を数字で測りやすい営業職ですらチームワーク重視となっているわけですから、成果が出るまで時間のかかる地道な取り組みを行ったプロジェクトマネージャーや、チーム間の信頼関係の醸成に活躍した人事担当者のような、成果を数字で表現することが難しい仕事であればなおさらです。

これからの評価は、究極的には「周囲からの信頼」という極めて定性的なものに帰結します。これは別に売上や利益、生産効率といった定量指標を評価軸とすることを否定するものではありません。

この章で紹介したモーニング・スターも、社員はそれぞれ何らかの定量指標を持っており、それらは大切な評価軸です。ただ、モーニング・スターでは年に一度、周囲の関係者から自身の仕事に関するフィードバックがもたらされます。給与の決定は、このようなフィードバックを参考にした自己評価を提出し、昇給率を自ら提案します。この提案は従業員の選挙（互選）で選ばれた報酬委員会がさまざまな観点から成果や周囲の評価を吟味して最終的に決定します。このプロセスでは自己評価のタイミングでも、そしてその自己評価を報酬委員会が吟味するタイミングでも、さまざまな人の視点から総合的に判定されることになります。

このような仕事の評価の場では、自身の仕事に関係するすべての人からの信頼が根底にあり、どれだけ指標上の成果をあげても周囲からの信頼を得られない人は高い評価とはなりません。必然的に特定の社員の評価には多くの人が関わることになり、モーニング・スターの場合は先ほどのように、被評価者の周囲にいるすべての関係者がこのプロセスに参加します。

私の経験上、社員はどうしたら自分が評価されるか、知りたがる傾向にあります。中には上司に対して「これを達成したら昇格させてくれますか？」といった分かりやすい昇給や昇格の基準を求める人もいますが、ここまでの話に照らすと、これは社員が自律できていない典型的な症状ということになります。もちろん上司も関係者の一人ですから上司の期待を理解することは大切ですが、最終的には自分がどのように振る舞えば「(上司だけでなく)周囲からの信頼」という漠然としたものを得られるのか、自分自身で考える必要があります。同じような振る舞いをしても、状況や接する人によって評価が変わるわけで、状況や相手に対して機敏に反応していく必要があります。ここではビジネスだけでなく個人としても、アジリティが必要になるわけです。

サイロに閉じこもってしまう日本企業のベテラン社員たち

残念ながら現実の企業の大半は、所属チームの壁を越えて連携できる自律型人材を育てることはできていません。各チームに閉じこもり、サイロの中から自チームの立場で主張ばかりしている人を見ることは少なくないのです。これは別に日本企業に限ったことではありませんが、文化的背景として〝個〟として振る舞うことに慣れておらず、労働市場の流動性が低いために同じ組織に長く所属し続ける傾向にある日本企業の方が、海外企業に比べて顕著であるように感じます。

さらに残念なことに、このような症状は、経験が浅く自律できていないはずの若手社員よりも、むしろ管理職などのベテラン社員の方が重症なことがあります。私が業務改善を支援した会社でも、若手社員が他チームとの連携や、業務改善の提案をしているにもかかわらず、ベテラン社員が難色を示す光景を多数見てきました。特定のサイロにずっと所属し、日々の業務だけを粛々と行っていると、それまでの常識に囚われ、変化への恐怖や抵抗感だけが育ってしまいます。結果的にベテラン社員は、むしろその経験が枷となってアジリティが落ちてしまうのです。本来であればベテラン社員ほどその視野を外に開き、若手社員に道を指し示す役割でなければなりません。これは本人の問題以上に、先ほど説明したような横の連携を強くして、自律型人材を育てる仕組みを構築してこなかった組織全体の問題です。

階層型組織にもメリットはあります。ただ、私自身BPMのアドバイザとして、さまざまな企業を見てきましたが、一定規模以上の企業でサイロ化の弊害が生じていないところを見たことがありません。人が、周囲の人を自然と仲間として認知できる範囲は１００人から１５０人程度が限界だそうです。そう考えると、これを超える規模の階層型組織においては、よほど意識して対策をとらない限り、ほぼ間違いなくサイロ化は起きます。

とはいえ既に説明したようにすぐに組織をネットワーク型に移行させることも無理が生じます。ですから、常に「サイロ化は起きる」という前提で組織を見つめた上で、いかに目線がチームの外に開かれた社員を育てるか、それがアジリティの高い組織を考えていく際に、最も意識しなければならないテーマだと言えるのではないでしょうか。

Column

段階に応じたアジリティの姿

ビジネスアジリティにおける「適応」には二つの意味があります。一つは外部の変化に受動的に対応することです。そしてもう一つは自ら能動的に変化を創出し、市場をリードすることです。一般的に「適応」というと外部の変化に上手く溶け込む前者のイメージで捉えられることが多いのですが、後者の意味も間違いなく適応の一部です。本書ではビジネスアジリティの定義を「事業構造を外部の環境変化に対して素早く適応させると同時に、自ら変化を生み出すことを可能にする組織能力」としましたが、「自ら変化を生み出す」という言葉はこの意味を受けてのものです。これからの経営では、ある面では市場の変化を察知して素早く対応する一方、別の面ではむしろ自ら変化を生み出す両面の活動が必要になります。

「変化への対応」も「変化の創出」もビジネスアジリティ

企業の変化への適応にはいくつか段階があります。これを私なりにまとめてみたのが図6－4です。

変化への適応度合いが最も低い状態が「レベル0（変化への不安）」です。ビジネスアジリティが機能しておらず、変化に不安や恐れを抱きつつも実質的に何もできていません。

それが一歩進んで変化への対策を講じるようになると「レベル１（変化への対応）」となります。変化を受け入れ、状況を注視しつつ、対応している段階です。変化を察知し分析した上で、明確な意図をもって自社としてその変化への対応はしない（リスクを許容する）と決めた場合もレベル１に入ります。

さらに一歩進めて、積極的に変化を事業機会として活用できるようになるのが、「レベル２（変化を活用）」です。レベル１までは組織として周囲の変化に受動的な状態ですが、レベル２から

6-4　企業の変化への適応段階

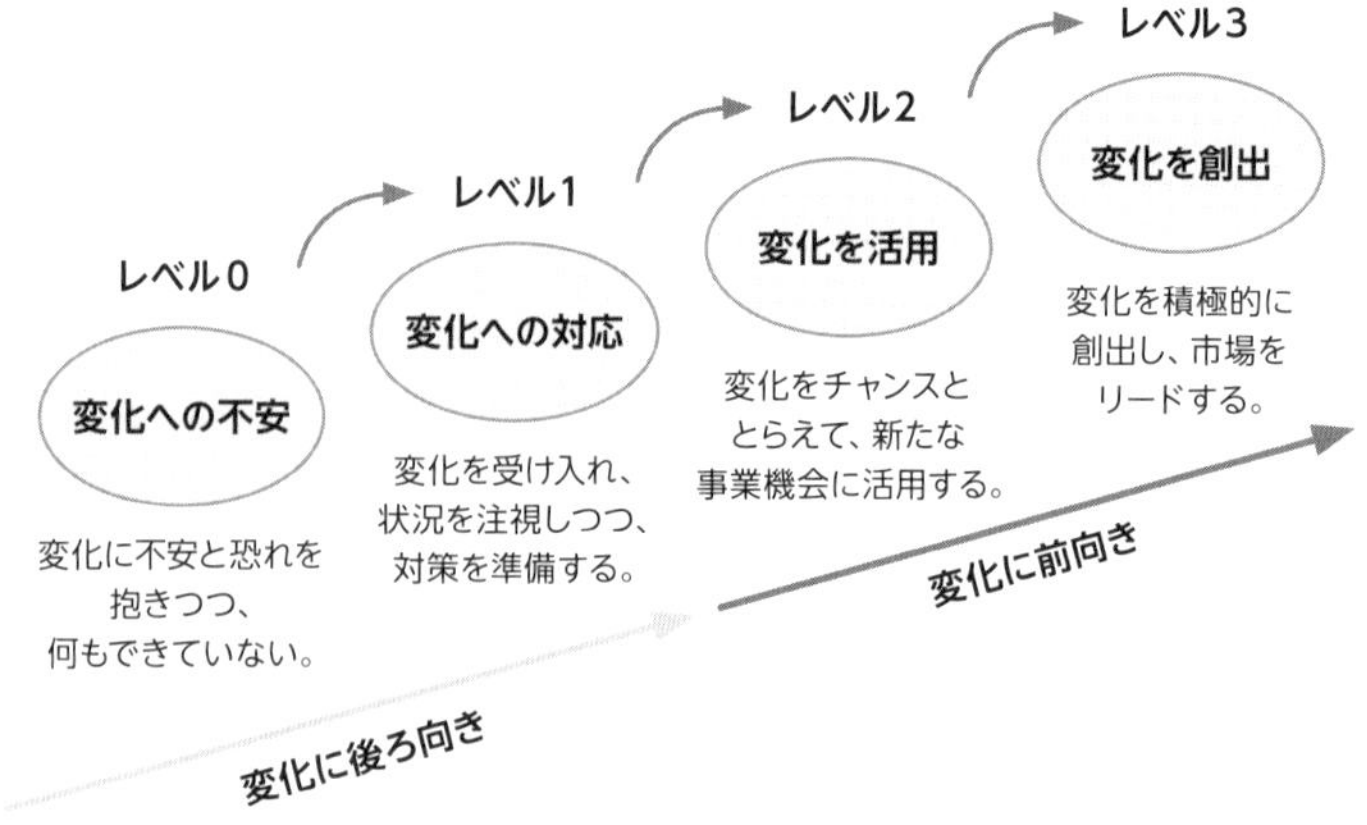
レベル0
変化への不安
変化に不安と恐れを抱きつつ、何もできていない。
レベル1
変化への対応
変化を受け入れ、状況を注視しつつ、対策を準備する。
レベル2
変化を活用
変化をチャンスととらえて、新たな事業機会に活用する。
レベル3
変化を創出
変化を積極的に創出し、市場をリードする。
変化に後ろ向き
変化に前向き

は、変化をむしろ好機ととらえる前向きな意識となります。

そして最後の段階が「レベル3（変化を創出）」です。コンピュータの研究者で、その分野に多大な貢献をもたらしたアラン・ケイ氏は、「未来を予測する最善の方法は、それを発明することだ」と述べました。最高のビジネスアジリティとは変化に対応すること以上に、自らが明確なビジョンを持って社会や市場にイノベーションをおこし、変化を創出する側となることです。

これを具体的な例で考えてみましょう。あなたがデジタルソリューションを提供するITベンダーだったとします。新しいデジタルソリューション、例えばRPA（Robotic Process Automation）が登場した時にあなたの会社はこれにどう対応したでしょうか。[※8] レベル0はそのようなツールが登場し、かつ自社として脅威に感じているにもかかわらず、自社としては何も対応していない状態です。社内では「最近、RPAっていうツールをよく聞くけど、なんだろう？」というような会話が水面下で話されていますが、それらがしっかりした施策となることはありません。

レベル1になると、RPAというソリューションに対応し、自社のサービスとして

※8…RPA：異なるシステム間の情報の転記のような、人が行うPC上の操作を自動化するツールです。

組み込もうとしています。ただ、その状態はお客様から「御社はＲＰＡを取り扱っていないのですか？」と問われた時に無策とならないようサービスメニューに加えたというレベルで、それを積極的に自社の強みに転換できているわけではありません。「競合他社に遅れないようにする」というようなレベルだと考えてください。

これがレベル２だと、この新しいツールの存在をチャンスととらえ、積極的にツールの特性を学び、自社の事業に活用しています。そこには、このツールを使って自社のビジネスを拡大し、競合他社の一歩先を行こうとする前向きな意識があります。積極的に投資をして先行事例を作り、そこで得られたノウハウをまとめて市場に発信して、顧客の注目を集めようとしている状態だと考えれば良いでしょう。

そしてレベル３では、そもそもＲＰＡというツールがなかった市場にこれを持ち込み、市場形成自体を狙っている状態になります。競合が少ない一方でツールに対してのお客様の認知度も低いので、さまざまなマーケティング手法を駆使して、その有用性をお客様に対して啓蒙していく必要があります。一度お客様の認知が得られるようになれば、一時的にせよその市場でリーダーのポジションを獲得できるでしょう。

しかし気を付けてください。仮にレベル３の段階にあっても、競合他社が追随し、その競争力を高めてくると、その優位性は必ずしも持続しません。実際、ＲＰＡ業界では当初、日本市場にこのアイデアを持ち込み、業界リーダーとなった製品群の優位性は長続きせず、市場はあっという間に戦国時代の様相を呈していきました。今、市場でリーダーとなっている製品群は必ずしもRPA登場時にリーダーであった製品群ではありません。ですからこの四段階のレベルはレベル0はともかくとして、市場の変化次第でレベル1から3を常に揺れ動く可能性があり、今、自分たちが注視している変化に対して自分たちがどの段階でありたいのか、そしてその状況が変わっていないかを常に監視していく必要があります。

自社の強みとする領域を特定し、メリハリの利いた対応を

このようなことを考えると、企業は常にレベル3にいるべきであるように思えます。しかし、自社のすべての領域でそのような姿勢をとることは残念ながら難しいのもまた事実です。

これを私の例で説明します。私はビジネスプロセスマネジメント（BPM）の専門家として、日本ではまだ認知度の低いBPMや業務分析（ビジネスアナリシス）といった手法や、これを推進する専門家を市場に認知・定着させるための活動を行っています。特に後者のBPMの専門家〝ビジネスアナリスト〟の定着は一種の使命感を持って、力を入れて

活動しており、この観点では私はレベル3の「変化を創出」する側にいると思います。

その一方で、BPMで活用される各種のデジタルツールのすべてについて、必ずしも詳しいわけではありません。BPM関連のツールとしては、近年で目立つものだけでもBPMS、BRMS、RPA、AI、プロセスマイニング、タスクマイニングといったものが挙げられ、活用以前にこれらの動向をチェックするだけでも大変です。私はどちらかといえばビジネスプロセスの変革手法や組織論といった理論の専門家ですから、これらについては各ツールの専門家との連携を常に意識しています。

私個人の狭い範囲の専門性ですらこのような状態ですから、これが会社組織となると対応すべき変化の領域も広大です。心構えとして「変化を創出」する側にいるという気概は持つべきでしょうが、現実的にすべての変化に対応することはコスト、時間、人的資源と専門性といったさまざまな観点から不可能となります。

ですから、企業はまず自社のさまざまな領域に1~3のどのレベルで対応すべきかを決める必要があります。周囲で起きている変化をしっかり分析した上で、特に自社の強みとすべき領域には積極的に資源を投資して、最低でもレベル2、できればレベル3のアジリティを目指すべきです。その他の領域については、常に市場と社会の情報収集を怠らないようにし、変化の兆しを逃さないレベル1を維持することが大切となるでしょう。あらゆる領域で同時並行的に進行する変化に無闇に流されずに、限られた資源を有効活用しながらアジリティを高めるためには、このようなメリハリの利いた対応の見極めが大切になります。

第七章

アジリティの鍵は個人の自律

〜リーダーだけではなく全員が発揮するリーダーシップへ〜

第六章ではビジネスアジリティを実現する上で、自律型人材の存在が鍵となることを解説しました。この自律型人材の根幹にある特性がリーダーシップです。自律型人材は目の前の問題に対して、リーダーシップを発揮して自ら解決に導きます。最終章である本章ではこの点について、より詳しく考えていきます。

リーダーシップは〝リーダー〟だけのものではない

みなさんは「リーダーとは、ないしリーダーシップとは何か？」と聞かれたらどう答えるでしょうか。普段、頻繁に使う言葉でありながらこれらの言葉は奥が深く、場面によって異なる意味合いで使われます。アジリティの高い組織ではどのようなリーダーシップが求められるのでしょうか。

オンラインゲームにおけるリーダーシップ

皆さんはスプラトゥーン2というゲームをご存じでしょうか。ニンテンドースイッチのソフトで、販売本数1000万本を超え、世界大会も開かれている大ヒットオンラインゲームです。簡単に説明すると4対4のチーム戦で、プレイヤーは水鉄砲から色付きのインクを発射し、時間内に一定のフィールド内をより多く塗りつぶしたチームが勝ちです。遭遇した相手のプレイヤーはインクを当てると倒すことができるので（倒されたプレイヤーはスタート地点に戻されます）、その間に相手の塗った箇所を塗り返すことが勝利のための基本パターンです。

さてここからが本題です。このゲームのコミュニティではプロを含むたくさんのチームが活動しており、YouTubeでは多くの試合動画が公開されています。動画内ではチームメンバーはヘッドセットでコミュニケーションをとりながら試合をしていますが、そこではなかなか興味深い会話が交わされています。先ほどま

7-1　スプラトゥーン2の画面（プレイヤーは筆者）

でチームに指示を出していたメンバーが、その数秒後には他のメンバーからの指示に従うといったように、状況報告と指示、そしてそれに対する返答が飛び交います。

メンバーはお互いのコミュニケーションから必要な情報を瞬時に取捨選択して、最終的には自分の判断で行動します。特定のリーダーばかりが指示をするチームもありますが、上位チームほど、対等な関係で指示や報告をお互い飛ばしあっている印象があります。このような状況は、他のオンラインゲームでも当たり前に見ることができます。

このオンラインゲームにおけるリーダーシップについて「Leadership Online Labs」[※1]という論文があります。この中で筆者は「オンラインゲームでのリーダーシップで最も驚くべき側面は、ある時点では他の人たちに指示を与えるが次の時点では指示を受けるというように、リーダーが自然と役割を交代することである」と論じています。私がこの論文を読んだ時に、真っ先に思い浮かんだのが前述のスプラトゥーン2の上位チームの動画でした。

「リーダーが自然と役割を交代する」ことがここでの要点です。オンラインゲームでは状況が秒単位で変わるため、誰がチームに指示を出すのかという主導権もすぐに入れ替わります。その瞬間に最も適切な判断ができると考えた人が自発的に指示を出し、その指示は「チームの代表者」とか「指示だし係」というポジションに紐づいているわけではありません。誰もが指示をする側にも、受ける側にもなります。根底にはお互いに対する信頼があり、誰かから指示を受けた際に「その人の指示には一定の合理性がある」という信頼の下で従うわけです（もちろん自分の判断でその指示に従わないこともあります）。

そして試合後は反省会をして、お互いが出した指示や状況判断が妥当だったかをフィードバックし合い、次の試合に活かします。当然、お互いに信頼がなければ、指示や報告は一方的に無視され、必然的にそのような不協和音のあるチームは試合に勝てなくなったり、メンバー不和から解散してしまったりします。

これをビジネスに当てはめると次のようになります。あなたは新製品企画の会議に参加しています。ここでは製品の技術上の問題が議題だったのですが、あなたは自分の専門分野の知識を活用することで問題を解決できることに気付きました。ですので、積極的に発言し問題解決に向けて場をリードします。この時、会議のリーダーシップはあなたにあります。ところが次の局面ではその製品の販売上の問題が提起されま

※1…Harvard Business Review（2008年5月）の記事〝Leadership Online Labs〟より（Byron Reeves, Thomas W. Malone, and Tony O'driscoll）

した。営業やマーケティングに詳しくないあなたは考えあぐねてしまいます。しかし、そこではマーケティング部門の担当者が発言をはじめ、議論が前に進むようになりました。あなたはこの担当者の意見に積極的に耳を傾けて、質問をしたり自身の賛否を表明したりします。この時、会議のリーダーシップはあなたからマーケティング部門の担当者に移り、あなたはフォロアーシップを発揮して、リーダーの議論推進を助けています。

私たちが効果的にチームワークを発揮している時、自らが積極的に解決策を提示できる局面ではリーダーシップを発揮し、他のメンバーがリーダーシップを発揮している際はフォロアーシップを発揮するという、リーダーシップの自然な交代を行っています。この時の議論の推進は、議長やその会議の役職上の最上位者といったポジションに紐づいて行われているわけではありません。目の前に積まれている仕事を最速で片付けるために、自分ができることを自然に実行しているにすぎません。先ほど紹介した論文の著者は、このようなリーダーシップ発揮の姿勢を「(アイデンティティーではなく)タスクとしてのリーダーシップ」と表現しています。

このようにポジションに囚われずにそれぞれの強みを活かしてお互いに助け合う姿勢こそが、アジリティの高い組織におけるリーダーシップの姿です。

すべての人がリーダーシップを発揮できる三つの条件

オンラインゲームや会議の事例のように、チームメンバーが対等にリーダーシップを発揮するには、各自がチームに貢献できる何らかの専門性を持っていることが前提になります。とはいえ、ただ専門性を持った人が集まりさえすればこのような効果的なチームが形成されるわけではありません。皆が対等にリーダーシップを発揮するには、この他に大きく三つの条件があります。

一つ目の条件は「お互いの専門性に対する敬意」です。チームメンバーそれぞれが問題解決に貢献できる分野は異なります。先ほど紹介したオンラインゲームの世界ですら、各プレイヤーによって得意な武器（水鉄砲）や立ち回り方は異なり、それぞれの特性を活かして支え合います。良いチームワークを実現するには、自分は他のメンバーのできないことでチームに貢献する一方で、自分にできないことをしてくれる他のメンバーには最大限の敬意をもって接するという相互尊重が大切になります。

二つ目の条件は「判断基準の共有」です。皆が同じ判断基準を持っていれば、判断の基盤となる情報が同じである限りにおいて、仲間も同じ判断をするだろうと推測することができます。ですから、誰かが何か判断をしようとした際に、わざわざ他のメンバーに伺いを立てる必要はなくなります。

判断基準というと何か詳細なルールを共有していて、同じアルゴリズムの下で動いているイメージを持ちます。これはこれで大切なことですが、それ以上に大切なのはビジョンの共有です。目指しているゴールは何なのか、自分たちの行動の基準となる価値観（やっていいことと、ダメなこと）は何なのかといったことです。細かいルールだけを共有しても、ルールが適用できない新たな局面には対応できません。どのような局面でも瞬時に自分なりの判断基準を生成し、しかもそれが他のメンバーの意思とずれないようにするにはビジョンの共有が欠かせません。

そして三つ目の条件は「情報の共有」です。どんなに判断基準を共有していても、判断の根拠となる現状認識がぶれてしまえば、判断は異なったものになってしまいます。逆にいえば、同じ情報を共有していれば、必然的に誰しも同じ結論にたどりつきます。ですからゲームの事例では、お互いが持っている情報を可能な限り共有し、お互いに判断結果がずれないよう根拠情報を送り合うわけです。

企業のような大きな組織の運営を考えた場合、これらの三つの条件の中でも「情報の共有」がとても大切な観点となります。ゲームのチームはせいぜい数人で構成されていて、やりとりする情報量も限られます。しかし、時に数千人から数万人もの構成員を持つ大規模な組織になると、組織内を流れる情報も膨大かつ複雑です。そしてそれらは役職や部門といった壁で分断され、個人が入手できる情報は自分の周囲のものに限られます。その結果、偏った情報を元に判断を行うことになり、さまざまな問題を引きおこすのです。ですから、もし大きな組織が構成員に自律的な行動を促すのであれば、判断に必要な情報を入手可能な仕組みが必須になります。

“徹底的な情報公開”が個人の自律を促す

このように必要な情報にアクセスできることが、リーダーシップを発揮する上ではとても大切になるわけですが、そのための仕組みが整っている企業は多くありません。これまでの枠組みに囚われずにさまざまな変革を進めようとすると、自身の担当業務よりも広い範囲の情報が必要になります。さらに、普段は意識していない情報を知ることで、はじめて気付く問題も数多くあります。例えば調達部門や物流部門の担当者が何か問題を見つけて、サプライチェーン全体の改善を提案しようとした場合、担当者は物流だけでなく生産や調達など他の業務領域の状況も知る必要があるでしょう。

ところが、通常は日常の業務遂行に必要な範囲を越える情報へのアクセスは限られます。特に部門の壁を越える情報を得ることは難しく、これでは担当者は自律的に変革を進めるどころか、変革の必要性にすら気付けなくなってしまいます。

このような問題意識から、組織の情報管理の仕組みをこれまでの「必要な情報にアクセスできる」から「どのような情報にでもアクセスできる」という考え方に変えていく動きが注目されています。

なぜ自分で給与を決めても問題がおきないのか

大阪府に本社がある株式会社TAMは、デジタルマーケティング事業を手掛ける従業員150人ほどの会社です。この会社では、従業員の給与は自己申告を元に決定されます。[※2] メンバーは自身の会社への貢献を明らかにすることと引き換えに、どのくらいの給料を求めるかを自分で提案することができるのです。第六章で登場したモーニング・スターも、昇給率は周囲の関係者のフィードバックを元に自身の実績を振り返り、自己申告する仕組みをとっています。給与を自分で決めることができる会社は増えており、インターネット上ではさまざまな事例が見つかります。細かい点では会社によって差異があり、完全に自分の給与を自分で決めることができる会社もあれば、リーダーや周囲の人との相談の結果決める会社もありますが、自身の給与は自分から提案するという点では同じです。このような仕組みを海外では「Self-Set Salary」などと言うようですが、ここでは直訳で「自己決定給与」として話を進めます。

このような話を聞くと多くの人は「何か問題は発生しないのか」と思うようです。例えば給与が高止まりして人件費が経営を圧迫したり、主張の強い人の給与ばかりが高くなって不公平がおきたりということを心配します。もちろん、失敗事例もありますが、意外と大きな問題はおきないようです。この時、給与を自己決定しても問題がおきない前提には、次のような情報が公開されていることがあります。

・自分と周囲の人の給与
・自分と周囲の人の仕事内容や成果
・会社やチームの業績情報やコスト情報

自己決定給与を採用している企業の中でも、公開する項目や開示範囲は会社によっ

※2…BUSINESS INSIDER「自分の給料は自分で決める会社で、全ての社員に起こること」より
https://www.businessinsider.jp/post-192635

て異なり、給与を見ることができる範囲が自分のチームだけである会社もあれば、全社員の給与が公開されている会社もあります。ただ、総じてみれば通常の会社では開示されない情報が公開されていることは共通しています。

この情報公開こそが個人の自律的な判断の鍵です。どれだけの成果をあげている人がいくらの給与をもらっているのか、そのすべてがガラス張りになっている中では、周囲の成果をあげている人を差し置いて一方的な主張はできません。仮にそのような人がいたとしても、周囲からの厳しい目線にさらされてしまいます。

また組織の業績情報が開示されていれば、自然と人件費の総額の中で自分がどの程度の配分を受けるべきなのかを考えるようになります。仮に人件費以外のコストが高いことで人件費への配分が低いことが不満なら、それは「給与をあげろ」と交渉するのではなく、組織の構造改革を推進することで社員全員の給与を引き上げる原資を生むことが必要になりますから、改革のモチベーションにもつながります。

情報が不足している状況での人の判断には、さまざまな認知の歪み（いわゆる認知バイアス）が入り込みます。そして多くの場合、それらは自分に都合の良い側に勝手に解釈されます。心理学者ダニングたちの調査では、リーダーシップ能力について70％の人が「自分は平均より上だ」とみなしており、「自分は平均以下だ」とみなす人は2％

しかいなかったと言います。平均という言葉の意味を考えれば70％の人が平均を上回り、まして平均以下の人が2％などということはあり得ません。人と上手くやっていく能力に関しても、「自分は平均より上だ」とみなす人が85％もいて、「自分は平均を下回る」とみなす人は皆無だったそうです。そしてこの能力については、25％もの人が自分は上位1％に入ると思い込んでいたそうです。これは海外の事例なので日本だと少し違う結果になるかもしれませんが、私個人の経験に照らして考えてみても大変頷ける調査結果です。

認知の歪みは社内のさまざまなところにあります。営業部門からすれば、コンプライアンス部門からルールばかりを押し付けられているように感じますし、逆にコンプライアンス部門からすれば営業部門は営業成績ばかりを気にして、法令遵守に無頓着に思えます。ただ多くの場合は、相手への不信感は情報不足に基づく誤解から生じています。ですから、お互いの状況や業務に対する考え方を理解した上で、妥協点を探れば何らかの合意ができることは少なくありません。

多面的な情報に触れることは、認知の歪みを取り除き全体最適で物事を考えることにつながります。先ほどの自己決定給与の例であれば、社員皆の成果や給与、業績情報を公開することで、各自の認知の歪みを取り除き、それらの相互作用の中で各自は自然と自分自身の適正給与を見出していくわけです。

情報公開が人の自律と協調を生みだす

社員の給与や成果（つまり人事評価）を公開することは、多くの会社の常識からすれば信じられないことだと思います。このような、これまでの常識を覆すような情報公開姿勢を表す言葉が「徹底的な透明性」です。これは「Radical Transparency」の訳で、2000年代になって普及した言葉です。

もともとは情報通信技術が発達した現在の社会では、政治や企業経営、教育といった社会のさまざまな領域で、組織外への積極的な情報開示が求められる流れを表現した言葉でした。しかし近年は、企業内部の情報共有姿勢を示す言葉としても使われ、ビジネスアジリティのコミュニティでもアジリティを実現する上で欠かすことのできない要素として共通言語となっています。

社員がお互いに情報を公開し、自分から情報をとりにいく姿勢を育てることは組織の運営効率を向上させます。例えば一般的に各部門のリーダーは、自部門の状況を他部門に知られることを好みません。自部門の人員の稼働状況を他部門に知られてしまうと、忙しければまだしも、稼働が空いているようなら暇そうにしていると思われたり、何か余計な仕事の依頼が来たりするのではないかと思うようです。同様に部門のメンバーも自身の業務や稼働の状況を可視化されるのは、何か監視されているような気分になるようで難色を示します。

しかし、私の知るある会社では、各部門の人員の稼働状況（空き状況）は常に社内のシステムを通して確認可能になっています。そして各チームは、この仕組みを通じてお互いに人員の貸し借りを行っています。その会社ではチームリーダーが毎日、業務量の予測を立て、空き人員がいれば社内の掲示板に載せます（例えば「今日の14時以降、二人手が空きます」という感じです）。そして、人手が足りないチームのリーダーはその掲示板を見て稼働提供を依頼するのです（このような相互支援を可能にするためにメンバーは稼働に余裕がある時期に他チームの業務のトレーニングを受けています）。

人員を提供した側のチームからすれば人件費が他チームに賦課されるため、チームの業績数値が向上します。また人員を提供してもらうチームも、残業をさせたり外部から人を雇ったりするよりも人件費が安くすむため助かります。社員も残業を減らすことができ、誰も損をしない仕組みだと言えます。このような仕組みを可能にするために、一般的には嫌がられることの多い業務時間の計測を、この会社の従業員は納得して受け入れています。

情報を自分で取得し自分で考えることが人をリーダーに育てる

公開対象となる情報にはさまざまなものがあります。会社や部門の業績や予算の情報からはじまり、他部門も含めた業務や情報システムの構造、各担当者の役割分担や置かれている状況、組織が抱えている課題や現在行っている取り組み、そして各自の成果や待遇などです。ここには社内のトラブルなど、通常は〝不都合〟とされるような情報も含まれます。

これらを知るためには単に文書などの構造化された情報が公開されているというだけでなく、お互いの状況を理解するための日常的なコミュニケーションも必要になります。その意味で「徹底的に情報を公開する」とは、単に文書を公開するだけでなく、日々のコミュニケーション活動も含めた情報共有体制全体の構築を指します。第三章で紹介した株式会社MonotaROでそれぞれの部門の業務フローが休憩室の壁に張り出されている例なども、社員が情報にアクセスしやすくする仕組みの一つです。

当然ですが情報はむやみやたらなんでも公開すれば良いというものではありません。個人情報を中心に、法律や業界規制の観点から情報管理が義務付けられているケースもあります。また知らないところで勝手に情報公開されていることを不安に思う人もいるでしょうから、何が公開対象なのかはしっかりと周知する必要があるでしょう。

ですからここで書いたことはあくまでも基本的な考え方であって、情報の統制も大切な観点です。

ただ、多くの会社の情報公開に関する考え方は「必要があれば公開する」というものので、逆に言えば必要性を問われなければ、とりあえずは非公開にしておく方が多いと感じます。アジリティを重視するのであれば、この発想を転換して「公開が原則で、何か理由があるなら非公開にする」としていき、社員の普段の担当領域を越えた気付きを促していく必要があります。

情報が公開されていなければ、社員がその情報を知らないことの責任は会社にあります。そして会社としては情報不足に起因するさまざまな不満や不信感に対応するコストを強いられます。情報が公開されていれば、それを知らないのは情報を取りにいかない個人の責任になります。この情報取得に対する責任の転換が、社員を自律へと誘うわけです。

２０１９年の秋にロンドンで行われたビジネスアジリティのカンファレンスに参加した際、プレゼンテーターの一人が自社で自己決定給与を導入した際の逸話を話してくれました。この人は自分自身で給与の自己決定を適用した感想として、次のようなことを言っていました。

・自由と自律はストレスが高く、強いプレッシャーを感じてしまう
・自分自身の価値（給与）を自分で決めることは最も難しいことの一つだ
・しかし、そのような試行錯誤こそが自分をリーダーに変革してくれた

経営者は社員に「経営者の視点を持て」と言います。その一方で、経営者が接している情報や組織の問題を社員に公開しているかというと、まずされていません。経営者の視点に立たせたいのであれば、まずは経営が持つ情報を共有するところからはじめる必要があります。自らが知る情報は隠した上で、自らと同じ目線を持てというのは無理があります。ある会社で新たに役員になった方と話した際に、「それまで会社に対してたくさんの不満を口にしていたが、自分が役員になって入ってくる情報が増えた途端に、それまで自分がよく知りもせずに好きなことを言っていたことに気付いた」と言っていました。

情報公開は単純にそれ自体が人の協調を促すだけではありません。情報を公開した上で、決定権限を社員に委譲していくことは、どのような情報を元にどのような判断をするのも自分次第という状況に置かれることになります。また自分の成果や状況を公開するということは、それだけ自分の行動を律していく必要があります。このよう

な行動を通して、人は自分の中に自律性を育てていくのです。

困難な問題を解決に導く〝アダプティブ・リーダーシップ〟

ここまで紹介したオンラインゲームや会議における「タスクとしてのリーダーシップ」の姿は、実は問題解決の難易度としては高いものではありません。各自が他者よりも優越している専門性と情報を駆使して、他者に影響力を行使しています。その人の専門性と根拠情報に信頼がおける限り、他者も素直にその人の主張を受け入れるでしょう。しかし、実際の組織運営では、もっと困難で長い時間をかけた変化が必要なケースもあります。そこで求められるのが、「アダプティブ（適応型）・リーダーシップ」です。

適切な問いかけが人々に行動を促す

ハーバード・ケネディスクールのロナルド・ハイフェッツ教授は、困難な変化の局面で集団を導くリーダーシップの研究における第一人者です。ハイフェッツ教授はリーダーシップを「問題に立ち向かい、大勢を動かす手腕」と定義しています。そして、先ほどのオンラインゲームや会議の事例のような、専門知識や十分な情報分析を駆使すれば解決が可能な問題を「技術的な問題（Technical Problems）」とし、このような問題を解決するリーダーシップの実態は「権威（オーソリティ）」の発揮で、本来のリーダーシップとは別のものだとしています。ですから、地位の高さによる優越性を利用した「私がリーダーだから、私が決める」「私が決めたことに皆、従ってくれ」という姿勢は、権威の発揮の分かりやすい例であり、このようなやり方で本当に困難な問題を解決することは難しいというのが教授の主張です。※3

組織においてリーダーが単純に決定権を駆使するだけでは解決できない問題の例が人の育成です。組織に新たに入ってきた「自律未満の個人」を「自律した個人」に育てていくことは、リーダーが一方的に指示をしたり、何らかの知識を提供したりすれば成し遂げられることではありません。チームリーダーはさまざまなコミュニケーションを通じて、メンバーに自身を見つめなおすきっかけを与えてはいますが、自らの甘えや弱みを理解し、問題を解決していくのはメンバーの側です。

また、その他の例としては新事業の創造や既存ビジネスの変革の場が挙げられます。経営者がただ「こうしろ」と命令したり決定したりするばかりでは、社員たちの判断能力も自律性も育たず、組織のアジリティは向上しません。一方的な指示や命令は人のモチベーションを下げることも多く、それらを受け取った側はその場では従う振りをしますが、現実には理解も納得もしていないので、同じ（ないし似た）行動を繰り返したりもします。ハイフェッツ教授は、ここで例に出したようなリーダー自身の行動だけでは解決ができず、当事者自身が考え方を変え、自ら解決策を見出していく必要がある問題を、先ほど説明した「技術的な問題」に対して「適応を要する課題（Adaptive Challenges）」と呼んでいます。[※4]

通常、リーダーシップは問題の解決策を示したり、決定したりする役割として語られることが多いのですが、このような「適応を要する課題」を解決していくリーダーシップの根底にあるのは「問いかけ」です。ハイフェッツ教授は困難な問題ほど、リーダーの役割は（解決ではなく）問題を提示し、それが問題であることを皆に理解させ、

※3…ここでの論説はＮＨＫ Ｅテレの番組「リーダーシップ白熱教室」及び教授の著書『最難関のリーダーシップ』（英治出版）を元にしています。教授の論説によれば、前述のオンラインゲームと会議の事例はリーダーシップの発揮というよりオーソリティの発揮ということになりますが、私はこれらの言葉をそこまで厳密な定義で区分けして使用していないため、本書では技術的な問題の解決を導く活動もリーダーシップの一部として論じています。

※4…ハイフェッツ教授は当事者の行動変容が必要となる事象を、単に不都合なことという意味での「Problem（＝問題）」ではなく、挑戦すべきことという意味で「Challenge（＝課題）」としています。本書ではこれらをまとめて「問題」としています。

関係者一人一人が自身の問題として解決のための行動をおこすように方向づけることだとしています。

当初、問題の当事者は、問題が何であるのか、それに対してなぜ自分が立ち向かわなければならないのか分かっていません。〝井の中の蛙〟のように、今いる安全な環境から出ようとしていない状態です。リーダーはこのような当事者に、そこに問題があること（ないし迫っていること）を示し、行動を起こす必要があると認識できるよう働きかけます。それは当事者に問題の脅威を理解させ、ストレスをかけていく行動でもあります。

ただ、あまりに問題を意識しすぎると、当事者が強すぎるストレスから体調を崩したり、極端な行動に走ったりしてしまうかもしれません。このようなことがないようリーダーは当事者のストレスレベルを監視し、もしストレスが高すぎると感じた場合は問題を強く意識しすぎないよう働きかけたり、一旦問題解決への行動を中断させたりもします。こうしたリーダーの姿はリーダーというよりも、むしろコーチと呼んだ方が近いかもしれません。また、組織の問題であれば、これに立ち向かう当事者は一人とは限りません。ですからリーダーは、メンバー間の議論を活性化させるファシリテーターのような役割も担います。

ハイフェッツ教授の論説で興味深いのは、「通常〝リーダー〟と呼ばれるポジションにいる人も、必ずしもすべての問題にリーダーシップを発揮できるわけではない」と述べていることです。コーチやファシリテーターとして振る舞うにしても、その問題に対しての一定の知識や経験がなければ効果的なリーダーシップは発揮できません。誰しもスーパーマンではありませんから、世の中すべての問題解決でリーダーシップを発揮できる人などいないのです。

そう考えるとリーダーシップは、地位や役職ではなくその問題の特性に応じて、最も適切な振る舞いをできる人に交代した方が効果的です。自分が経営者だからといって、周囲のすべての期待に直接的に応える必要はなく、もしその問題に対してより適切なコーチ（ないしファシリテーター）がいるようであれば、その人にリーダーの役割を任せてしまっても良いのです。むしろ問題に対して適切なリーダーを割り当てる能力こそが、経営者に必要とされるある種のリーダーシップかもしれません。

このように考えていくと、組織におけるリーダーシップのイメージはかなり違うものになります。リーダーシップとは特定の人が何か固い決意をもって発揮するものではなく、組織に所属するすべての人で分け合うものだと考えることができます。もちろん経営者や管理職の立場にいる人ほどリーダーシップを発揮する機会は多くはなりますが、それは絶対に発揮しなければならないものではありません。他の人にリーダーの役割を委譲したり、解決策を皆に問いかけたりと、何も自分一人で背負い込む必要はないのです。

これまでの組織の常識では、組織の上位階層にいる人はすべての問題解決にリーダーシップを発揮すべきだと期待されていました。しかも、そのリーダーシップは、リーダーこそが問題を解決する主体だとも考えられていたのです。しかし、ここでのリーダーシップの本質とは、むしろ問題を提示し、問題解決に人を巻き込むことです。そのような活動を通して、組織に所属するすべてのメンバーの上位者依存の心理を取り払い、組織内の問題を自分ごととして考える姿勢を育てていくことが大切になります。

これがハイフェッツ教授の提唱する「アダプティブ・リーダーシップ」です。アダプティブ・リーダーシップは、これからの組織に求められるリーダーシップの一つの姿を表していると言えます。

アジリティの高い組織で求められる二つのリーダーシップ

ここまで「タスクとしてのリーダーシップ」と「アダプティブ・リーダーシップ」を見てきました。ビジネスアジリティを高める上では、組織にはこの双方が必要です。

オンラインゲームや会議の事例は、日々の仕事を確実にこなし、成果を生み出す上で必要なリーダーシップであり、組織のメンバーが日常的に発揮するリーダーシップは主にこちらです。ここでは、誰もが局面に応じてリーダーの姿とフォロアーの姿を機動的に切り替えます。メンバーは自分がリードした方が良いと思えば主張するし、他人にリードを任せた方が効果的だと思えば、その瞬間にさっと引くといった判断を繰り返すことになります。

一方でアダプティブ・リーダーシップは、組織の難しい問題を解決していく局面で必要になります。チームリーダーが自律型人材の先輩として自律未満にあるチームメンバーを導いていく際や、新事業の創造や既存ビジネスの変革に携わるリーダーが企業内の組織の利害対立を解消し、全体最適で取り組みを主導していくために必要になります。

大切なことは、どちらの定義でも、リーダーシップは「上位の役職だから」とか「年齢が上だから」といった組織の職位や序列には紐づかないということです。その人がリーダーかどうかは、あくまでもその振る舞いと、リーダーシップを発揮しているテーマで決まります。高い職位にあることは、人々を動かす手段にはなり得ますが、逆にそれだけでは権限として保障されている範囲を超える行動を人に促すことはできません。また、高い職位にいる人が、自身の専門性が及ばない領域で無理にリーダーシップをとろうとすれば、むしろ問題を悪い方向に導いてしまう可能性もあります。逆にそのような職位になくても、説得力のある言葉や高い専門性、過去の行動からくる信頼があれば、権限を伴っていなくても人を動かすことができます。組織とは、最終的にはすべての人がこのような信頼から生じるリーダーシップを発揮する自律型人材へと変容できる器でなくてはならないのです。

これからは人と組織の関係性が変わる

このように、アジリティを高めた組織では、すべての人が自律的にリーダーシップを発揮していくようになります。こうなるとこれまでリーダーの象徴であった経営者の存在は希薄になっていきます。第六章のモーニング・スターのような究極系のネットワーク型組織を志向するかどうかはともかくとしても、これまでのような絶対的存在としての経営者の姿は形を変えざるをえません。この章の最後にこれからの経営者の役割と、組織の関わり方について考えていきます。

これからの経営者に求められる謙虚さ

アジリティという言葉の認知度がまだ低い日本でも、近年さまざまなカンファレンスで「変化への即応」が語られています。ただ、それらの議論を聞いていると結局のところ最後は「経営者の強いリーダーシップが大切」といった内容で締めくくられることが多いように感じます。確かに、企業がこれからの時代に求められる変革を成し遂げていく上で、経営者のリーダーシップは大切です。ただし、そのリーダーシップとは、人々を自律と行動に誘うリーダーシップであるべきです。

ですから、もし「強いリーダーシップ」を、経営者自身が決断し行動するという意味で使っているのであれば、注意が必要です。リーダーが自ら決断し、行動することが必要な局面があったとしても、それはあくまでも組織変革の過程における一時的な姿で、ゴールではありません。

「複雑化した現在の経営を、少数の人がすべてコントロールすることは限界に達している」ということは、本書で繰り返し語ってきました。しかしながら、現実の企業経営は未だ「少数の人のコントロール」という呪縛から逃れられてはいないようです。「経営のリーダーシップが大切」という一見して正しい主張の下、未だ多くの経営者は、情報を自身の下に集め迅速に（かつ正確な）意思決定を行うことが自分の責務だと考えているように見えます。しかし、そのような経営が可能な世界は、もう長くは続きません。

複雑化するビジネスの世界で、私たちが処理する情報量は増える一方です。1984年には毎月17ギガバイトほどだった世界のデータ流通量は、2017年には71億倍の1271億ギガバイトに増加しており、しかもこの量は数年から数か月で倍化していくことが見込まれています。※5 この比較がすぐに人間が処理する情報量と比例するわけではありませんが、それでもこの世界の複雑化の進行のスピードには、たとえ経営者が優れた頭脳を持つ人たちであるとしても、ついていくことは難しいでしょう。

ビジネスアジリティが目指している姿はこの逆です。特定の個人の能力に頼らず、情報処理と意思決定を分散させ、誰もが自律したリーダーとして振る舞います。第一章ではビジネスアジリティを「事業構造を外部の環境変化に対して素早く適応させると同時に、自ら変化を生み出すことを可能にする組織能力」だと説明しました。同時にビジネスアジリティには「個人を、自律した個人に育てることができる（ないしはそのような個人を外部から獲得できる）組織能力」という側面もあります。

これからの経営者は自らの万能感を捨てて謙虚になる必要があります。自らが事業の先頭にたって業績を創出するというよりは、社員皆が活躍した結果として、組織全体として業績を作り出すことができる組織構造を作ること、これがこれからの経営者の役割です。それは例えば、連携が欠けているメンバー間をつなぐコーディネーターの役割を果たすことだったり、現場でさまざまな試練に直面しているメンバーのコーチの役割だったりします。また、さまざまな情報共有の仕組みや、自律した個人となれるポテンシャルを持った人材を採用し、成長していくための社内の仕組みを構築することも大切な役割です。

人と組織の関係性が変わる中で大切となる組織のビジョン

このようなことと併せて、これからの企業の経営者が担うべき役割がもう一つあります。それは皆が共感できる組織ビジョンを形成することです。既に説明したように、メンバーが自律的に行動しても、その方向がずれないためには効果的な組織ビジョンが欠かせません。そして、メンバー一人一人が自律していく困難な過程を乗り切るためにも、その先に従業員が共感し、その達成に自分自身も貢献したいと感じるビジョ

※5…急増する世界の「データ」流通量（ＪＥＴＲＯ、２０１８年11月21日）
https://www.jetro.go.jp/biz/areareports/2018/380fd5f0d9c4bb4d.html

ンが必要です。そうでなければ、従業員は自らの行動変容のモチベーションを見出すことができません。

本書で描いてきた自律型人材とは、自ら情報を集め（また自らの持つ情報は積極的に公開し）、自分自身で判断して機動的なリーダーシップを発揮できる人ということになります。これは簡単に言えば「どんな企業でも欲しがる優秀な人材」ということであり、このような人材が継続的に組織に力を貸すモチベーションもやはり魅力的なビジョンへの共感から発生します。

自律型人材は自分自身が価値を感じるもののために仕事をします。それは組織のビジョンや目標に対して自分自身が価値を感じる（共感する）からこそ、そこで働こうと思うということです。言葉を換えて言えば、組織とは自身がやりたいことや、目指す世界を実現するための手段だとも言えます。

ビジネスアジリティを追求する先で起こること、それは人と組織の関係性の変化です。これまでの社会はどちらかと言えば組織が〝主〟で、個人が〝従〟でした（日本では特にこの傾向が強かったと言えます）。しかし、これからの社会では個人が〝主〟で、組織が〝従〟になっていきます。人は生存のために組織に従属するのではなく、自らの問題意識や理想に基づいて、活動する組織（共同体）を選ぶようになっていきます。

さらに言えば、個人から見て活動する共同体は一つとは限りません。会社で働く一方で、プロボノ活動（専門能力を活かしたボランティア活動）で社会貢献したり、複数の会社に所属して日によって違う業務に従事したり（このような働き方をする人をポートフォリオワーカーといいます）、さらには会社に所属せずフリーランスとして独立しつつも、時限的な契約として企業活動に力を貸す人もいるでしょう。すべての人が新しい働き方にすぐに移行することはないでしょうが、ビジネスアジリティの鍵である自律型人材となる人はこのような傾向が特に顕著となることは間違いありません。このような形態だと組織は人を組織の中に囲い込むことができません。組織間の境界、そして組織と人との境界はどんどん曖昧になり、特定のビジョン（ないしミッション）を共有する〝仲間〟に複数の組織や個人が集う形になります。

7-2　これまでの組織とこれからの組織

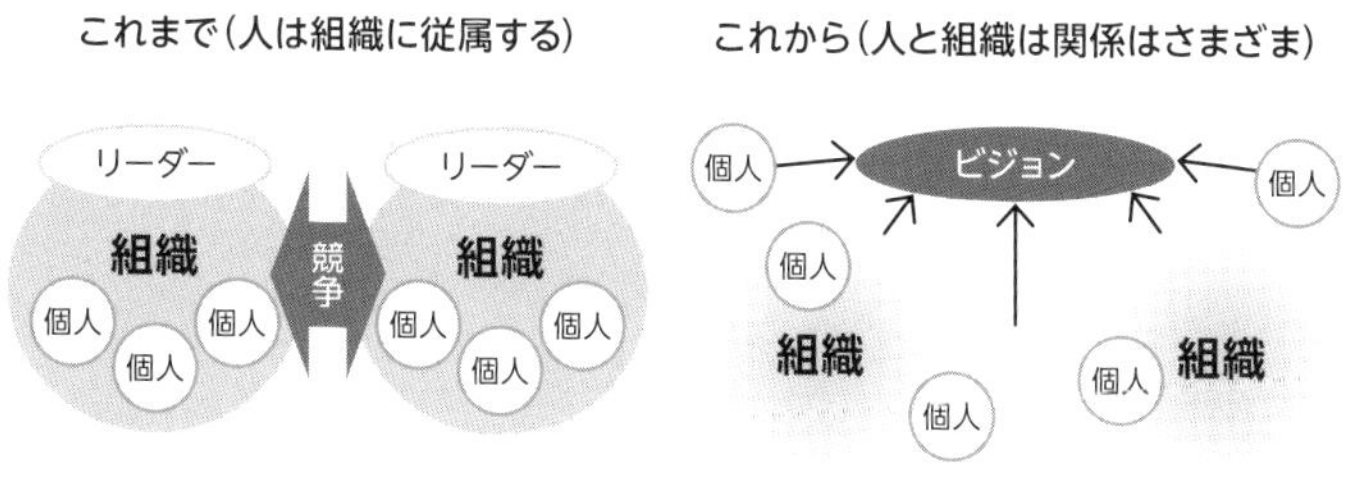

ですから経営者が率先して、自分たちはどのような社会を目指しているのか、お客様にどのような価値を届けたいのか、それをしっかり語っていくことができなければ、組織は一体感を維持できず瓦解していきます。この時のビジョンはただの数値目標ではなく、組織の構成員が自分の仕事の意義を感じ、積極的に行動したいと思わせるものでなくてはなりません。また、自分たちが大切にしている価値観、いわゆるバリューも明確にしていく必要があるでしょう。

とはいえ、このビジョンやバリューは決して経営者だけで考える必要はありません。先ほども述べた通り、これからの経営者に必要なことは自分で考えて、自分で決めることではなく、社員に問いかけ、社員と一体となって取り組みを進めることです。経営者は組織の維持と成長を超えて、その先にある市場や社会の在り様を、社員を巻き込みながら考える場のファシリテーターとなる必要があります。これこそが組織のアジリティを高めていく上で、経営者に求められる最も大切な役割です。

終わりに：一人一人がアジャイルな組織に

本書ではビジネスアジリティをさまざまな角度から紹介してきました。ただ、ここで紹介できるアジリティの考え方は、現在の、しかもごく一部の姿でしかありません。ビジネスアジリティはまだ概念として10年程度の歴史しかなく、さまざまな領域で異なるコミュニティの議論が融合することで、日々新しい考え方が生まれています。

ビジネスアジリティがこれからの企業経営に必須となる考え方であることは間違いありませんが、その一方で明日からすべての企業が、突然ここに書かれたような姿に変化するわけではありません。業界や業種、各企業の置かれた環境によって変化のスピードは異なりますし、同じ企業内でも高いアジリティが求められるサービスもあれば、当面の間はこれまで通りの価値提供を着実に続けなくてはいけないサービスもあるでしょう。このような変化は既に起きているものでもあり、これから起きるものでもあり、あるところでは当面は起きないものでもあります。

ですから本書で紹介したような考え方は、皆さんが直面する個々の局面で常に適用されるわけではないということを理解しておいて頂きたいと思います。これまでの価値観とこれからの価値観、その両方を理解した上で自分が今どのような規範に基づいて行動すべきかを判断することが大切になります。その意味で、やはり大切なことは個々人が自律することです。周囲の変化にアンテナを立てつつも最後は自分の頭で考えて、やるべきことと、そしてやるべきでないことを選択することです。経営者であろうと、組織の一メンバーであろうとそのことに変わりはありません。

変革が当たりまえの世界に

これまで、企業変革の活動は一時的に行われる特別な仕事でした。例えば企業の基幹プロセスの刷新は、2年から3年をかける大プロジェクトで、ひとたび大規模な取り組みが終われればプロジェクトは解散し、その基盤は大きく形を変えることなく長く活用されました。ある大企業の情報システム部では1990年代の後半に行った基幹システム刷新が終わるやいなや、情報システム部の人員が大きく削減されました。その後、2010年になって再度、基幹システム刷新のプロジェクトが立ち上がりましたが、一度縮小した体制を再組成することに大変苦労したそうです。とはいえ、かつてはこのような〝安定の時〟が主で、数年から10年のスパンで局所的に〝変化の時〟があり、そうなった時にはじめて変革の準備を開始することは少なくなかったように思います。

しかし、変化が恒常化してしまえば、このような考え方ではついていけません。安定の時など存在せず、大小の変革の取り組みが常に組織のどこかで行われています。これからの経営では、現状の事業が上手くいっているように見えても、あえてその弱点を見つけ出し、改革につなげていくことすら必要になります。

ドイツの自動車部品及び電動工具メーカーであるロバート・ボッシュで、2012年からCEOを務めるフォルクマル・デナー氏は、社内で自社のビジネスモデルにとって脅威となる新たなビジネスのアイデアを募集しました。社内のさまざまなメンバーから実に1800ものアイデアが寄せられ、その中で有望ないくつかのアイデアについては、新たな事業創造や既存の事業の変革のためにさらに詳細な検討を行ったそうです。[※1]これからの経営では、平穏な状態であっても先手を打つためにあえて〝平地に波瀾を起こす〟精神が大切になります。

以前の変革では、変革を企画する側に大きな説明責任が問われました。取り組みを行う意義はあるのか、投資は回収できるのか、失敗のリスクはないのかといった周囲

※1…「デジタルの未来 事業の存続をかけた変革戦略」（ユルゲン・メフェルト／野中賢治、日本経済新聞出版）

の疑念に対して、説得材料を集め、ストレスのかかる質疑に応じる責任は企画者側にあったのです。このような質疑に応えるために、企画者は緻密に計画を立て、その計画から外れないように苦心します。それは、計画重視で迅速性を欠く進め方の背景ともなっていました。

しかし、これからの説明責任は変化を起こす側だけではなく、変化に反対する側にも生じます。すべての反対意見に応じるための綿密な計画を立てる時間と労力はアジリティを妨げてしまいます。組織全体が前提として「変化は必要だ」という認識の下、迅速性重視で取り組みを進めなくてはいけません。そうなると、取り組みに反対する側も安全圏から企画者の取り組みにただ指摘をするだけでなく、なぜ自分がそこに否定的な意見を述べるのか、何を懸念しているのかを明確に伝え、逆にどのような取り組みを進めるべきなのかを周囲に説明する責任が生じます。「活動に納得できない（ないし興味がない）から協力しない」では済まされないのです。

まずは一人一人がアジャイルに

私には、ある忘れられないプロジェクトがあります。数年前、私たちLTSのメンバーはある大手企業の社内の業務効率化余地を評価するプロジェクトを支援しました。

このプロジェクトは経営からの指示で行われたものではなく、経営企画部と情報システム部という二つの部門の担当者たちが、自社の業務効率化の遅れに危機感を持ち、経営に掛け合って予算を確保して行ったものです。

プロジェクト自体は順調に進みました。いくつかの業務で大きな改善余地が見つかり、さほど難しくない取り組みを行うことで十分な効果を見込むことができそうでした。私たちは単純に効率化の提案を行うだけでなく、このような効率化がこれまで進まなかった組織構造的な背景まで考察して、経営に対して今後の活動と組織の在り方を提案しました。

しかし、残念ながらこの提案は通りませんでした。改善案自体は評価されたのですが、取り組みを進める人員とコストについては、経営陣の誰もが「活動余力がない」ということで受け入れなかったのです。ですから、私たちＬＴＳのメンバーはここで契約を終了せざるを得ませんでした。

ただ、これですべての活動が終わってしまったわけではありません。私たちがプロジェクトを去る時、お客様のプロジェクトメンバーは「今回の取り組みで改善活動の進め方を理解できたので、この先は自分たちだけでも、少しずつ改善を進めてみます」と仰ってくれたのです。そして、それから2年ほどたったある日、その時の担当者の方からメールを頂きました。そこにはその後少しずつ改善を進め社内に仲間を増やしてきたこと、そして以前の提案に沿った組織変更が認められたこと、さらに今後も継続的に変革に臨みたいと思っていることが記されていました。

提案当初、私たちは経営を動かすことはできませんでした。その意味では私たちの取り組みは失敗であったと思います。しかし、一緒に活動した担当者の心の中に改善に対する意欲と自信を生み出し、それが後の活動につながったことはとても大きな成果でした。私たちにとって、お客様企業を直接変革することも大切ですが、それ以上に大切なことは共に活動するお客様企業の経営者や業務担当者の変革への意欲と能力を育て、私たちがいなくても活動を行うことができるようになることです。それは私たちと関わるすべての人のアジリティを育てることに他なりません。

組織学習の研究で有名なピーター・センゲ氏は人と組織の関係について「組織はあくまでも人間が作ったように動くのだが、我々は問題を引き起こしているのは組織だと言い張る」、また「人の思考から組織が生まれるが、その組織が人を拘束する」と述べています。[※2] 組織に所属していると、どうしても「組織に縛られている」という感覚を持ってしまうことは少なくありません。多くの組織で、従業員は会社にさまざまな不満を持っています。

しかし「組織」という何か巨大な意思決定体があるわけではなく、組織はあくまでも人の意思の集合体です。組織全体として上手くいかないことがあっても、それはそこに所属する一人一人の意思と行動の帰結にすぎません。ですから、一人一人が自律して自身のアジリティを育て、今自分の目の前でできる小さなことから行動に移していくことが、最終的に組織の大きなアジリティを育てていくことにつながります。

もちろん、個人がそのアジリティを育てていくためにはさまざまな組織的な取り組みが必要になります。個人の自律を妨げる組織の階層やルールを見直し、メンバー一人一人への権限委譲と情報公開を進めていかなければなりません。このシナリオを描き、長い時間をかけて組織構造を変革していくことが、これからの経営者の大きな責務となるでしょう。

変化の中にあるワクワクを楽しもう

変化に適応し続けることは、一定のストレスを伴います。何か一つの取り組みが終

※2…オットー・シャーマー氏の書籍『U理論』（英治出版）に登場するピーター・センゲ氏の言葉です。センゲ氏は「学習する組織（ラーニングオーガニゼーション）」の提唱者としてご存じの方も多いかと思います。

わって事業が安定してきたように見えても安心することはできず、また変化の兆しを能動的に見つけていかなければなりません。一般的に企業にビジネスアジリティが必要とされる理由は「変化の速い時代にあって〝生き残る〟ため」と言われます。しかし「生き残る」という表現には、不本意ながら世の流れに自身を合わせていくというニュアンスも感じます。生存競争のために〝仕方なく〟ビジネスアジリティを求めるのであれば、とても組織を変革していくモチベーションを持続させることはできないでしょう。

そもそも企業は何のために存在するのでしょうか。経営学者のP・ドラッカー氏は「組織は、組織それ自体のために存在する訳ではなく、社会的な目的を実現し、社会、コミュニティ、個人のニーズを満たすためにこそ存在する」と述べました。[※3]だとすれば、ビジネスアジリティを高めることの意義とは企業が生き残ること以上に、アイデアを素早く実現して社会に価値を届けることです。この社会に届けたい価値こそが、新しい経営において人々をつなげる組織ビジョンとなり、アジリティを高めていくさまざまな取り組みを行うモチベーションとなります。

かつて起業することは決して簡単なことではありませんでした。事業の開始には莫大な投資と準備が必要で、事業に失敗した際に起業家が負うリスクは大変高いものでした。しかし今、私たちは誰もがアイデア次第で新しいビジネスにチャレンジできる時代に生きています。資金調達は以前よりはるかに手段が増え、エンジェル投資やクラウドファンディングといった新たな調達手段が登場しました。

物流や生産など大きな投資を必要とする機能はアウトソーシングも可能になり、事業開始時に大きな投資をする必要はありません。情報通信技術の発達は、支援者や連携先を見つけ出しコミュニケーションをとることを容易にしました。そして、サービス（プロダクト）の複製が容易なデジタルサービスは、サービスの筋さえ良ければ以前とは比べ物にならないスピードで世界中にサービスを展開することが可能です。

このように考えると「変化の中で生き残る」という言葉は、変化に巻き込まれている側の視点から見た言葉です。旧態依然とした階層型組織で、何をするにしても遅いこれまでの企業からすると、現在は生き残ることが大変な時代なのかもしれません。しかし自らのアイデアを頼りにチャレンジするイノベーターにとっては、事業経営の選択肢が広がった今の市場は、かつてよりも事業をはじめやすい〝ワクワクする時代〟です。今この瞬間も社会では新たなニーズが生まれ、並行してテクノロジーや人の価

※3…『ドラッカー名著集13 マネジメント［上］―課題、責任、実践』（P・ドラッカー、ダイヤモンド社）

値観も進化しています。ビジネスアジリティとは、このような環境の中でも、いち早くビジョンを達成し、社会に価値を提供していくために必須な能力なのです。

とはいえビジネスアジリティはまだ新しい分野で、今この瞬間も進化しています。本書の考え方が絶対ではなく、私はこれを元に多くの人にビジネスアジリティを探求する仲間になって頂き、皆さんと一緒にそれぞれの企業にあったさまざまなビジネスアジリティを議論していきたいと思います。多くの人の意見やさまざまな観点からの議論を交えて、皆さんと共にビジネスアジリティの考え方をより深いものにしていきましょう。企業が変化に速やかに適応して継続的な成長を遂げるとともに、そこに所属する人々が責任と自由の両輪の中で活き活きと活躍することできる、そんな組織の在り方を皆さんと共に作りあげていきたいと思っています。

謝辞

この本は、私が弊社（ＬＴＳ）のウェブサイトに定期的に連載していたコラムを、刊行にあたって大幅に加筆修正したものです。執筆にあたっては、私が普段活動しているビジネスアナリストのコミュニティはもちろん、経営関連のコミュニティ、ビジネスアジリティのコミュニティなど、さまざまな場で出会った多くの方たちとの対話が大きな糧となりました。これまでの皆さまとの出会いに感謝したいと思います。

出版にあたっては、ＬＴＳマーケティング＆マネジメント部の大井悠さんに、書籍の構成および内容全般について、さまざまな点からアドバイスを頂くとともに、原稿の確認に多くの時間を割いて頂きました。同じく、ＬＴＳマーケティング＆マネジメント部の桙田雄也さんと重藤有乃さんには、出版に関するさまざまな調整を行って頂きました。また、プレジデント社の浦野喬様に企画から出版まで支援して頂きました。皆さまのご協力に、厚く御礼を申し上げたいと思います。

Business Agility

2021年1月19日　第1刷発行
2024年8月20日　第2刷発行

著　者　山本政樹
発行者　鈴木勝彦
発行所　株式会社プレジデント社
〒102-8641
東京都千代田区平河町2-16-1
平河町森タワー13階
https://www.president.co.jp/
https://presidentstore.jp/
電話 編集03-3237-3733
販売03-3237-3731
販　売　桂木栄一、高橋 徹、川井田美景、森田 巌、末吉秀樹
装　丁　鈴木美里
組　版　清水絵理子、原 拓郎
校　正　株式会社ヴェリタ
編　集　浦野 喬
制　作　関 結香
印刷・製本　大日本印刷株式会社

ISBN978-4-8334-5168-0
Printed in Japan